쉽게 배우고
생활에 바로 쓰는

SEASON 4
능력
향상

포토스케이프 X

㈜지아이에듀테크 저

iCox
Education by Sympathy

쉽게 배우고 생활에 바로 쓰는

포토스케이프 X

초판 1쇄 인쇄	2022년 4월 28일
초판 1쇄 발행	2022년 5월 10일

지은이	㈜지아이에듀테크
펴낸이	한준희
펴낸곳	㈜아이콕스

기획/편집	아이콕스 기획팀
디자인	김보라, 이지선
영업	김남권, 조용훈, 문성빈
마케팅	한동우
영업지원	손옥희

iCox
Education by Sympathy

주소	경기도 부천시 조마루로385번길 122 삼보테크노타워 2002호
홈페이지	www.icoxpublish.com
쇼핑몰	www.baek2.kr (백두도서쇼핑몰)
이메일	icoxpub@naver.com
전화	032-674-5685
팩스	032-676-5685
등록	2015년 7월 9일 제 386-251002015000034호
ISBN	979-11-6426-211-3 (13000)

※ 정가는 뒤표지에 있습니다.

※ 잘못된 책은 구입하신 서점에서 교환해드립니다.

저자의 말

30년째 컴퓨터를 교육면서도 늘 고민합니다. "더 간단하고 쉽게 교육할 수는 없을까? 더 빠르게 마음대로 사용하게 할 수는 없을까?" 스마트폰에 대한 지식이 없는 4살 먹은 어린아이가 스마트폰을 가지고 놀면서 스스로 사용법을 익히는 것을 보고 어른들은 감탄합니다.

그렇습니다. 컴퓨터는 학문적으로 접근하면 배우기 힘들기 때문에 아이들처럼 직접 사용해 보면서 경험적으로 습득하는 것이 가장 빠른 배움의 방식입니다. 본 도서는 저의 다년간 현장 교육의 경험을 살려 책만 보고 무작정 따라하다 발생할 수 있는 실수와 오류를 바로잡았습니다. 컴퓨터를 활용하는 데 꼭필요한 핵심 내용을 중심으로 집필했기 때문에 예제를 반복해서 학습하다 보면 어느새 원리를 이해하고, 활용할 수 있는 단계에 오르게 될 것입니다.

쉽게 배우고 생활에 바로 쓸 수 있게 집필된 본 도서로 여러분들의 능력이 향상되기를 바랍니다. 물론 본 도서는 여러분의 컴퓨터 능력을 향상시킬 수 있는 수많은 방법 중 한 가지라는 말씀도 드리고 싶습니다.

교육 현장에서 늘 하는 말이 있습니다.
"컴퓨터는 종이다. 종이는 기록하기 위함이다."
"단순하게, 무식하게, 지겹도록, 단.무.지.반! 하십시오."
처음부터 완벽하지는 않겠지만 차근차근 익히다 보면 어느새 만족할 만한 수준의 사용자로 우뚝 서게 될 것입니다.

끝으로 이 책이 나올 수 있도록 도움을 주신 지아이에듀테크, ㈜아이콕스의 임직원 여러분들께 감사의 마음을 전합니다.

㈜지아이에듀테크

★ 각 CHAPTER 마다 동영상으로 더 쉽게 학습할 수 있도록 QR 코드를 담았습니다.
QR 코드로 학습 동영상을 시청하는 방법은 다음과 같습니다.

01 Play스토어에서 네이버 앱을 ❶설치한 후 ❷열기를 누릅니다.

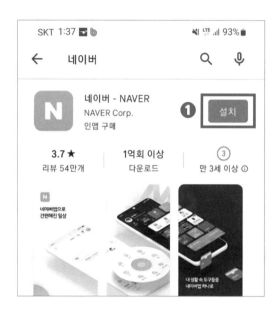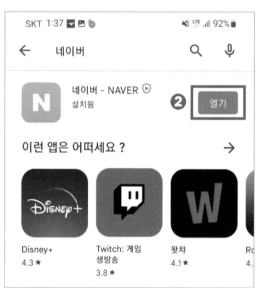

02 네이버 앱이 실행되면 하단의 ❸동그라미 버튼을 누른 후 ❹렌즈 메뉴를 선택합니다.

03 본 도서에서는 Chapter별로 상단 제목 오른쪽에 ❺QR 코드가 있습니다. 스마트폰의 화면에 QR 코드를 사각형 영역에 맞춰 보이도록 하면 QR 코드가 인식되고, 상단에 동영상 강의 링크 주소가 나타납니다. ❻동영상 강의 링크 주소를 눌러 스마트폰으로 학습할 수 있습니다.

유튜브에서 동영상 강의 찾기

유튜브(www.youtube.com)에 접속하거나, 유튜브 앱을 사용하고 있다면 지아이에듀테크를 검색하여 동영상 강의를 들을 수 있습니다. **재생목록** 탭을 누르면 과목별로 강의를 찾아볼 수 있습니다.

목 차

목 차

설치와
화면구성 알아보기

윈도우10과 윈도우11에서 사진 편집을 할 수 있는 포토스케이프 X를 설치한 후 화면구성까지 살펴보도록 하겠습니다. 샘플 사진을 가지고 연습을 하고, 스마트폰으로 촬영한 본인 사진을 가지고 실습도 해보시면 재미있는 사진편집 시간이 될 것입니다.

🔍 무엇을 배울까?

01. 포토스케이프 다운로드하고 설치하기

02. 화면구성 살펴보기

01 Microsoft Store 검색창에 "photoscape"를 입력하고 [Enter]를 눌러서 검색한 후 무료버전을 클릭합니다.

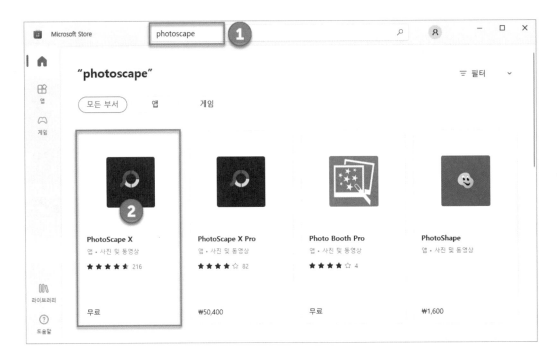

02 검색된 PhotoScape X 화면이 나오면 오른쪽에 표시된 **다운로드**를 클릭합니다. 전체화면으로 볼 때는 왼쪽에 **다운로드**가 있습니다.

03 다운로드 버튼 아래에 다운로드 진행과정이 표시가 되는데 약간의 시간이 필요합니다. **열기**가 나올 때까지 기다려 주세요.

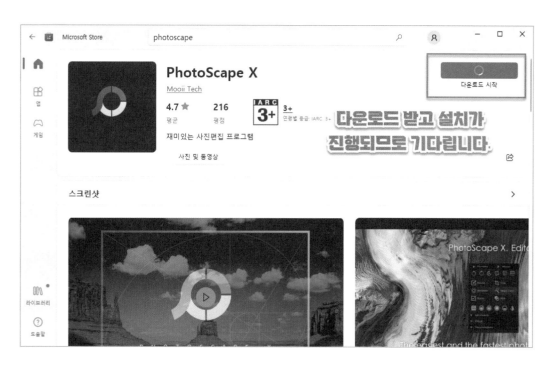

04 포토스케이프X 버전의 설치가 모두 끝나면 아래와 같이 **열기** 버튼이 활성화가 됩니다. 이제 Microsoft Store창을 닫고 바탕화면으로 되돌아갑니다.

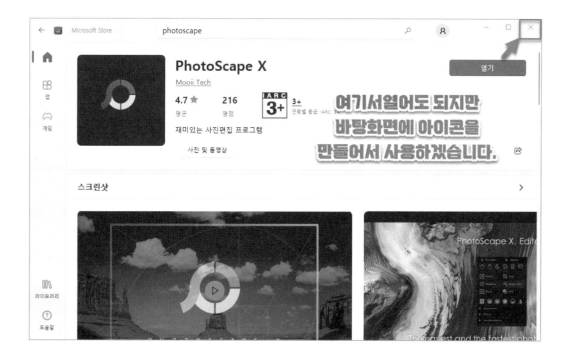

05 **시작** 메뉴를 클릭해서 PhotoScape X를 앱 목록에서 찾아가는데, 새로 설치
된 앱은 앱 목록 처음에 표시가 됩니다.

06 PhotoScape X를 바탕화면으로 드래그해서 **연결**을 만들어줍니다.

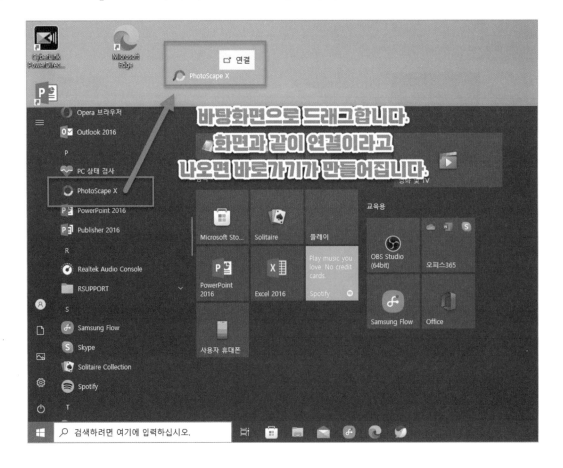

■ MicroSoft Store의 검색결과에 PhotoScape가 없다면?

MicroSoft Store에서 PhotoScape를 검색했는데 검색결과가 나오지 않을 경우에는
아래와 같이 작업한 후 다시 해보세요.

01 시작 메뉴 - 설정 - 앱 - Microsoft Store를 찾아서 클릭한 후 고급 옵션을 클
릭합니다.

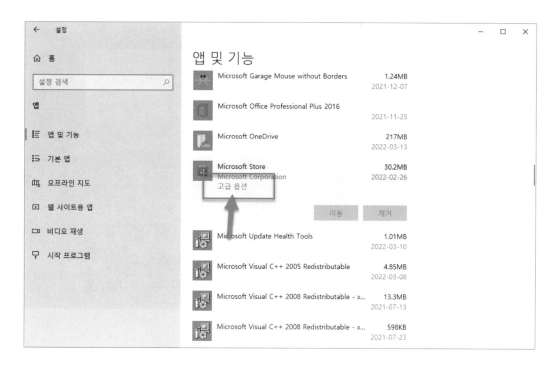

02 초기화 버튼을 클릭해서 캐시를 삭제한 후 다시 검색해 보세요.

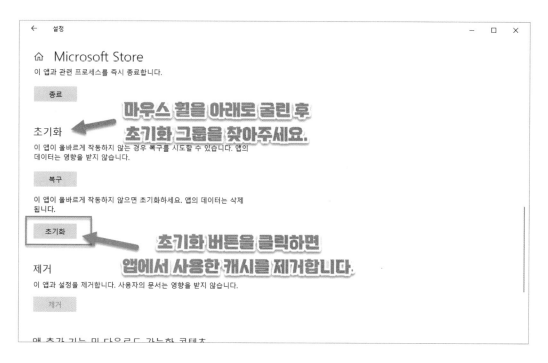

01 바탕화면에서 포토스케이프를 실행하면 아래와 같이 화면이 표시됩니다. 창을 최대화 시켜서 작업하면 편리합니다.

02 아이콕스 출판사 홈페이지의 **자료실-도서부록소스**에서 샘플을 다운로드한 후 **로컬디스크(C:)** 드라이브에 압축을 해제합니다.

03 상단 메뉴에서 **사진 뷰어**를 클릭한 후 샘플 사진이 압축해제된 **로컬디스크 (C:)**를 먼저 선택하면 폴더가 펼쳐지게 됩니다.

04 왼쪽 폴더 창에서 **포토스케이프X(샘플)** 폴더를 클릭하면 오른쪽 내용창에 사진들이 나타나게 됩니다.

05 샘플사진에서 **익스트림2.jpg** 사진을 더블클릭해서 **확대보기** 창으로 연결해 봅니다.

06 사진 뷰어의 창으로 아래의 설명대로 한 번씩 눌러보면 어떤 기능인지 알 수 있습니다. 이전의 포토스케이프 버전에서 사진 뷰어는 단순한 역할이었으나, 현 버전은 다양한 작업을 할 수 있습니다.

07 확대보기 창에서 **편집**을 클릭해서 보고 있는 사진을 편집화면으로 진행해 봅니다.

08 사진 편집을 할 수 있는 화면에서 **사진 뷰어**를 클릭하면 확대보기로 다시 되돌아 갑니다.

09 우측 하단에 사진의 **사이즈**와 **용량** 그리고 **촬영한 날짜**와 **시간**이 표시됩니다.

10 좌측 상단의 **다음** 버튼을 클릭해서 **익스트림6.jpg**를 확대보기로 보면 우측 하단에 카메라로 촬영한 사진정보가 나타납니다. **카메라종류, 셔터속도, 조리개값, ISO값, 초점거리, 노출정도**를 알려줍니다.

11 확대보기에서 사진에 마우스 우클릭을 한 후 **슬라이드 쇼**를 진행하면 첫 번째 사진부터 슬라이드 쇼가 진행됩니다. (단축키는 Ctrl + S)

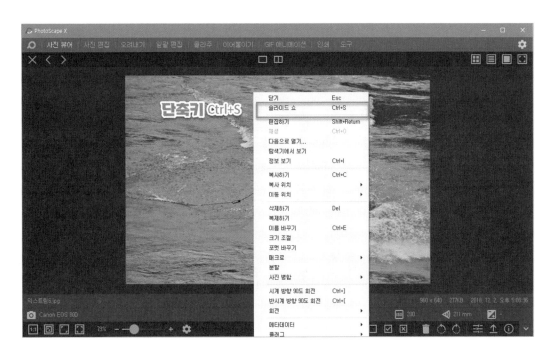

12 크게 나온 슬라이드 쇼 화면에서 마우스 우클릭한 후 슬라이드 쇼를 클릭해야 실제로 진행이 됩니다.

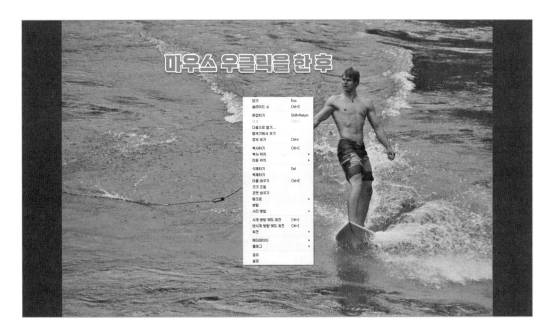

13 슬라이드 쇼를 진행하다 마우스로 클릭을 하면 사진의 각종 정보가 화면에 보이게 되고, 슬라이드 쇼는 멈추며 하단에 사진들이 나오게 됩니다.

14 슬라이드 쇼를 끝내려면 키보드 ESC 를 누르거나 마우스 우클릭한 후 닫기를 클릭하면 되고 마지막 보았던 사진이 나옵니다.

15 오른쪽 상단 **전체화면**을 클릭하면 슬라이드 쇼와 동일하게 나오는데 여기서 마우스 우클릭으로 슬라이드 쇼를 진행할 수 있습니다.

16 오른쪽 하단의 **사진정보**를 클릭하면 촬영한 카메라의 사진정보가 다양하게 나옵니다.

■ 사진 정보(EXIF 정보)

화상 데이터와 함께 **카메라 제조사**(Maker), 카메라 **모델**(Model), 이미지 **에디터** (Software), 사진을 보정한 **날짜**(Datetime), Exif **버전**(Exif Version), 촬영한 **날짜**(Shoot Datetime), 웹에 올려진 사진의 실제 **크기**(Image Size), 노출 **시간** (Exposure Time:셔터 스피드), 촬영 프로그램(Exposure Program), 렌즈 **초점 길 이**(Focal Length), 조리개 **개방 수치**(F-Number), 플래시 사용 여부 등 세부적인 부가정보를 기록할 수 있습니다.

17 Microsoft사에서 기본 제공되는 Windows **사진 뷰어 프로그램**으로 이미지를 회전 시킬 때 화질의 손실이 오게 됩니다. 무손실 회전(loseless Rocator)이 필요할 때도 포토스케이프를 이용하면 됩니다.

■ 포토스케이프 화면 밝게 조절하기

포토스케이프 화면을 밝게 조절하려면 아래처럼 따라하세요.

01 포토스케이프 X 우측 상단에 있는 **설정(톱니바퀴)**을 클릭합니다.

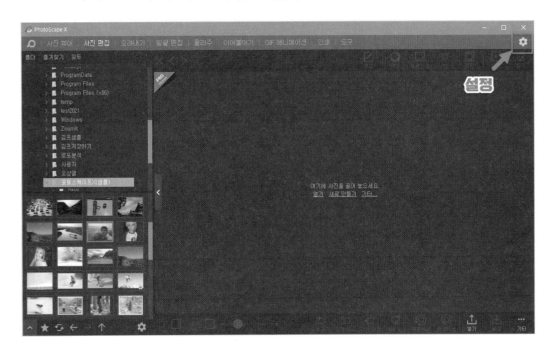

02 테마를 **밝은 톤**으로 선택하면 자동으로 변경됩니다.

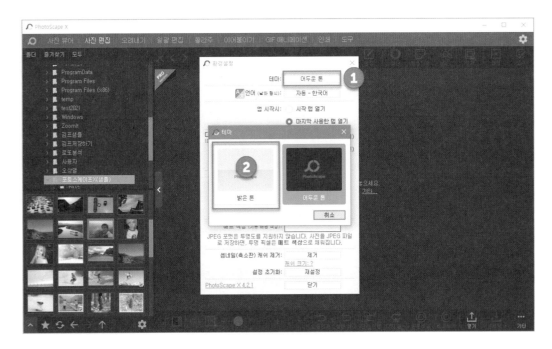

혼자 해 보기

① 아래의 사진 '스노우보딩4'부터 슬라이드 쇼를 진행해 보세요.

② '밝기조절4'의 촬영정보(EXIF)에서 촬영날짜를 확인해 보세요.

Chapter

02

사진 보정과 액자 넣기

사진 편집에는 다양한 기능이 있는데 여기에서는 밝기와 콘트라스트, 노출 등의 부족과 과함을 보정 작업한 후 다양한 액자를 하나만 또는 두 개 이상의 액자를 넣어 예쁘게 꾸미는 방법을 알아보도록 하겠습니다.

 무엇을 배울까?

01. 다양한 보정작업 알아보기

02. 단일 액자 적용하기

03. 액자를 겹쳐서 사용하기

O1 사진 편집 탭 메뉴를 클릭한 후 로컬디스크(C:) - 포토스케이프X(샘플) 폴더를 선택한 후 편집할 사진을 클릭합니다.

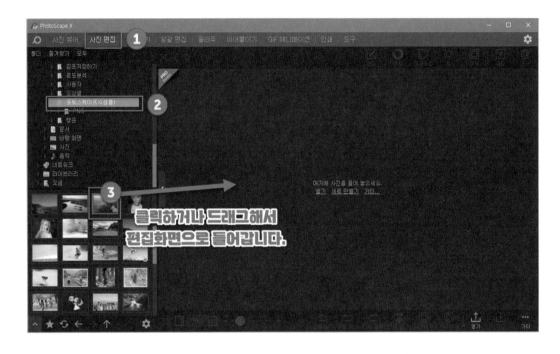

O2 ❶상단 메뉴를 클릭하면 ❷하단 옵션창이 상단 메뉴에 따라 자동으로 변경됩니다.

01 어두운 사진1.png을 선택 후 상단 메뉴에서 **편집**을 선택하고 옵션창에서 **조정**을 클릭하면 다양한 조정(Adjustment) 항목이 펼쳐집니다.

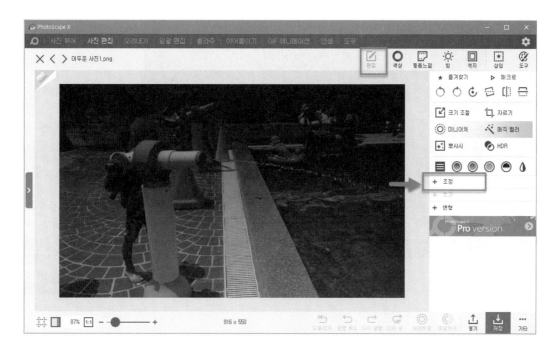

02 **자동 레벨** 버튼을 클릭하면 바로 위에 **자동레벨** 대화상자가 나타납니다. 적용을 클릭해서 자동레벨 작업을 끝냅니다.

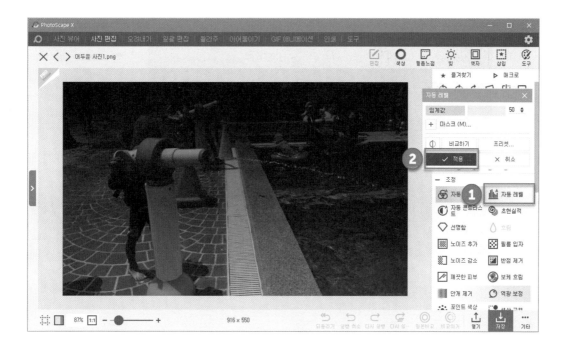

03 화면 하단의 **비교하기** 버튼을 **누르고 있으면** 자동 레벨을 적용한 결과와 적용하기 전의 상태를 비교할 수 있습니다. 바로 옆에 있는 **원본비교**는 전체적인 작업을 한 결과와 원본을 비교하는 것으로 지금은 한번만 작업을 했으므로 동일한 결과를 보여줍니다.

04 ❶**자동 콘트라스트**를 클릭한 후 대화상자에서 ❷**프리셋**을 클릭하면 약, 중, 강이 나옵니다. 여기서 ❸**강**을 선택한 후 **적용**을 클릭합니다.

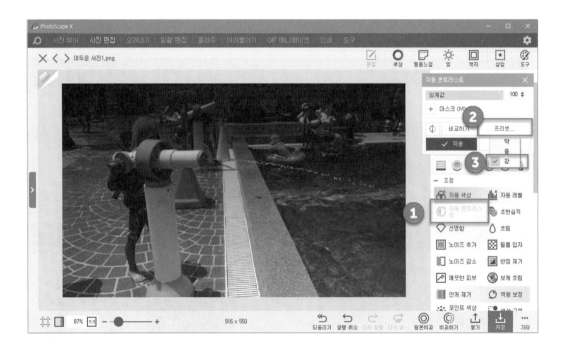

05 **자동 콘트라스트** 작업을 한 결과와 이전 작업의 비교는 **비교하기**를 클릭하고, 현재까지 작업결과와 비교하려면 **원본비교**를 누릅니다. 미세하지만 원본비교를 하면 확실하게 다름을 느낄 수 있습니다.

06 조정에서 ❶**역광 보정**을 클릭한 후 대화상자에서 ❷**적용**을 클릭합니다. 자동 레벨, 자동 콘트라스트, 역광 보정은 적당하게 숫자를 조절해서 사용해야 사진을 인쇄했을 때 깨져 나오지 않습니다.

07 작업한 결과뿐 아니라 한 가지 작업을 한 후 저장을 습관을 가지는 것이 좋습니다. 지금은 최종 결과를 확인한 후 **저장**을 하도록 하겠습니다.

08 하단의 옵션 사항은 체크확인 후 상단의 **저장** 버튼을 클릭합니다. 수정하기 전의 원본 사진을 따로 저장(백업)할 수 있습니다.

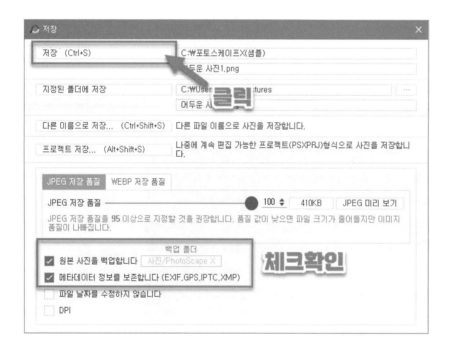

09 저장된 사진은 **로컬디스크(C:)-포토스케이프X(샘플)**이란 원본이 있는 곳에 기록됩니다.

10 백업된 사진은 **사진 라이브러리 - PhotoScape X - 저장날짜** 폴더 안에 기록됩니다.

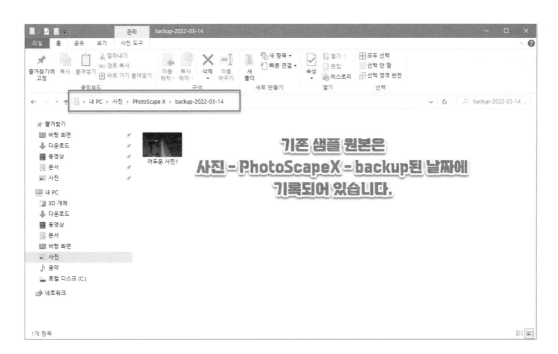

01 아래 "**부자총각.jpg**" 이미지를 더블클릭한 후 편집옵션에서 **조정**을 클릭한 후 **자동 레벨**을 클릭합니다.

02 After/Before 버튼을 클릭하면 좌우로 적용과 이전으로 나눠집니다.

03 적용후와 적용전의 구분 막대를 좌우로 이동해서 비교할 수 있는데 가급적 흰색이 있는 쪽으로 이동하면 확연하게 구분된 것을 비교할 수 있습니다.

04 **임계값**을 가장 낮은 0 또는 가장 높은 100으로 드래그를 해서 조정하면 자동 으로 밝기가 비교됩니다.

05 하단의 **원본비교** 또는 **비교하기**를 누르고 있으면 자동 레벨 작업전과 작업후의 결과가 다름을 알 수 있게 됩니다.

06 **되돌리기**를 누르면 작업했던 모든 결과를 되돌리며, **실행 취소**는 한 단계씩 취소를 하는 기능입니다. **되돌리기**를 클릭해서 작업하기 이전으로 되돌립니다.

마스크 기능 사용하기

01 사진 편집에서 조정 - 깨끗한 피부를 차례대로 선택합니다.

02 깨끗한 피부 대화상자에서 마스크를 클릭해서 펼치면 원형, 하단감소, 선형, 자유형으로 깨끗한 피부를 적용할 수 있습니다.

03 피부를 깨끗하게 하기 위한 작업이므로 얼굴을 가리키도록 조절점을 이동하고 크기도 조절합니다.

04 인물을 뺀 배경을 깨끗한 피부로 적용하려면 **마스크 반전**을 클릭한 후 **비교하기**를 클릭해 보세요. 다른 작업을 위해서 **취소**를 클릭하고 깨끗한 피부를 닫아줍니다.

05 조정 - 필름 입자를 차례대로 클릭한 후, 필름 입자 대화상자에서 강도와 스케일을 최고값으로 올려서 비교작업이 원활하게 만듭니다.

06 마스크를 클릭해서 펼쳐준 후 마스크모드(4)인 브러시 버튼을 선택합니다. 이 브러시는 직접 원하는 영역을 칠을 해서 마스크 작업을 할 수 있습니다.

07 인물만 마우스를 드래그해서 칠해주면 되는데, 마우스 버튼을 놓게 되면 그 때까지 작업한 결과가 보입니다. 계속해서 마스크 작업을 할 수 있습니다.

08 **마스크 반전** 버튼을 클릭하면 반대에 필름 입자 효과로 사진이 조정이 됩니다. 마스크 의미를 이해하기 위한 작업을 시도해 보았습니다.

뽀샤시(bloom) 보정하기

01 샘플 사진을 선택한 후 기본 편집도구에서 **뽀샤시**를 선택합니다.

02 **뽀샤시** 대화상자에서 **①프리셋** 버튼을 클릭한 후 **②강**을 클릭하면 뽀샤시한 사진 결과가 됩니다. **적용**을 클릭해서 작업을 끝냅니다.

03 위와 동일하게 **뽀샤시** 작업을 1회 더 실행하면 아래와 같은 결과를 얻어낼 수 있습니다. **되돌리기** 버튼을 클릭해서 원래 사진으로 되돌려줍니다.

02-6 ··· 뽀샤시 원하는 부분 작업하기

01 아래와 같은 샘플 사진을 열어준 후 **뽀샤시** 버튼을 클릭합니다.

02 마스크 버튼을 클릭해서 확장한 후 마스크 모드(4)를 선택합니다.

03 마우스를 드래그해서 **인물에만 드래그**해서 붉은 색으로 마스크를 하는데, 이때 마우스 버튼을 놓으면 인물만 뽀샤시가 됩니다.

04 마스크를 지우기 위해 마지막에 있는 **지움** 버튼을 클릭하면 마스크 적용된 것이 원래대로 지워지게 됩니다. 바로 옆에 있는 **채움** 버튼을 클릭하면 전체가 마스크가 채워져서 뽀샤시하게 됩니다.

01 사진 편집 메뉴에서 편집 도구 중 액자를 선택합니다.

02 상단 액자 종류 버튼에서 ❶모양을 클릭한 후 ❷도형을 선택합니다.

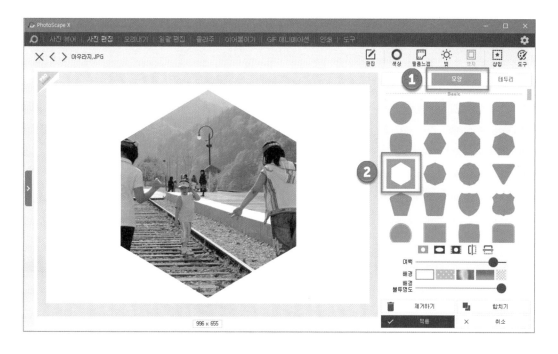

03 액자가 적용되는 것을 **①타원**으로 선택한 후 **②배경 불투명도**를 왼쪽으로 약간만 조정합니다.

04 사진에 액자가 적용이 되었으면 **합치기**를 클릭해서 사진에 액자를 접착시키도록 합니다.

05 우측 하단의 **저장**을 클릭한 후 대화상자가 열리면 **저장** 버튼을 클릭합니다.
원본은 **사진 - PhotoScape X** 폴더에 백업됩니다.

06 **되돌리기**를 클릭한 후 다시 **저장**을 클릭하면 원본이 제자리에 위치하게 됩니다.

01 사진 편집에서 액자를 클릭합니다.

02 ❶테두리를 선택하고 ❷원형을 선택한 후 ❸타원 형태로 한 후 배경은 ❹투명을 선택한 다음 ❺적용을 클릭합니다.

03 하단의 **저장**을 클릭해서 **다른 이름으로 저장**을 클릭합니다. 투명도가 포함된
상태로 저장을 하려면 파일형식을 PNG로 저장합니다.

04 파일 형식을 클릭한 후 PNG (*.png)를 선택합니다. 배경을 투명한 상태로 유
지하면서 저장하려면 이 파일 형식을 이용해야 합니다.

① 노출이 부족한 사진을 역광 보정에서 어두운 영역과 밝은 영역을 조정해 보세요.

② 사진을 무채화로 변경한 후 액자를 테두리와 배경을 패턴으로 사진 편집해서 PNG 파일로 저장해 보세요.

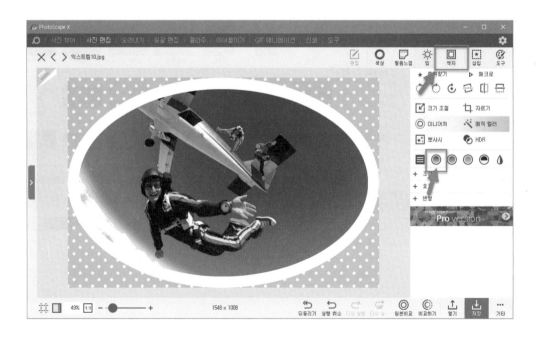

Chapter

03

다양한 효과 이용하기

사진에 특수한 작업을 해 주는 필터 효과를 적용하는 과정을 알아보도록 합니다. 필터란 간단하게 몇 번의 클릭으로 특수효과가 적용된 사진을 만나게 되는 기능으로, 노란 투명 비닐을 사진 위에 놓고 보면 사진이 전체적으로 노랗게 보이는 것도 역시 효과 작업 중 한가지입니다.

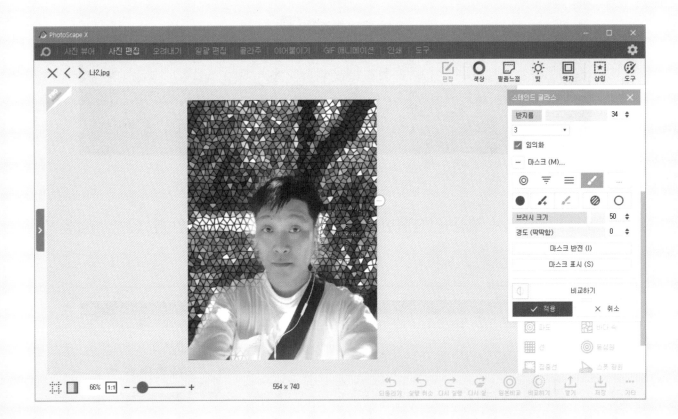

🔍 무엇을 배울까?

01. 사진에 다양한 필터 효과로 꾸미기

02. 마스크에 대한 이해도를 높이기

01 사진 편집에서 샘플을 선택한 후 ❶조정을 클릭해서 펼친 후 ❷비네팅을 선택합니다.

02 비네팅 대화상자가 열리면 비네팅 **강도를** 80으로, **크기는** 30으로 조정한 후 **적용**을 클릭합니다.

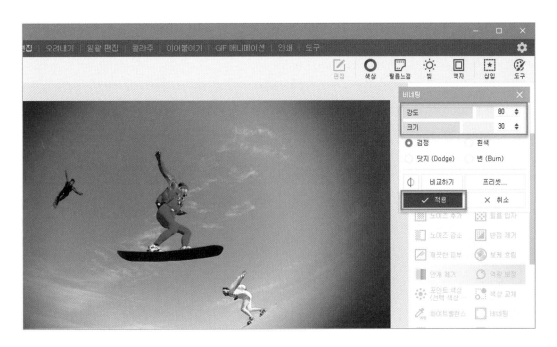

03 처리된 결과가 만족스럽지 않을 경우 **취소**를 누르거나 Ctrl + Z 를 눌러 작업을 취소시킨 후 비네팅 작업을 다시 진행합니다.

01 사진 편집에서 샘플 사진을 선택한 후 필름느낌을 클릭한 후, 아래에 나오는
기능 중에서 오래된 사진을 클릭합니다.

02 오래된 사진의 효과 중에서 A004를 선택한 후 **강도 80, 스케일 150, X는 0,** Y는 0으로 조정값을 정해줍니다.

03 효과 썸네일의 바로 아래에 있는 **좌우대칭**을 클릭하면 효과만 좌우가 변경이 되고, **상하대칭**을 누르면 효과가 변경됩니다. 하나씩 눌러서 변화를 확인합 니다.

04 ❶마스크 버튼을 클릭해서 오래된 사진 효과를 적용하지 않을 곳을 드래그해서 칠해줄 것입니다. ❷브러시와 ❸둥근 모양을 선택합니다.

05 사람만 드래그해서 빨간색으로 마스크를 표시합니다.

06 마스크 반전을 클릭해서 반대로 마스크가 되도록 작업합니다. 마스크는 구멍
뚫린 곳에 스프레이나 브러시로 칠하는 것입니다.

07 적용한 후 "오래된 사진만들기.jpg"로 저장을 합니다.

01 사진 편집에서 샘플사진을 선택한 후 **①**편집에서 **②**조정을 클릭해서 펼쳐준 후 **③**흐림을 선택합니다.

02 흐림 대화상자가 열리면 종류는 **❶상자 흐림**을 선택한 후, **❷마스크**를 클릭해서 펼쳐준 후 **❸브러시**를 선택합니다.

03 마우스를 **사람이 있는 영역만 드래그**해서 빨간색으로 마스크를 칠해줍니다. 마우스 버튼을 놓게 되면 인물에만 상자 흐림 효과가 적용된 것을 확인할 수 있습니다.

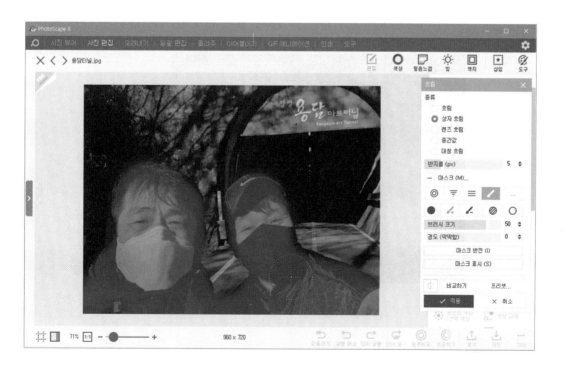

04 인물에 흐림 효과가 적용이 되었는데, 아웃포커싱을 주려면 배경이 흐리게 적용되어야 하므로 **마스크 반전**을 클릭합니다.

05 아래와 같이 아웃포커싱이 적용된 것이 확인됩니다. 필요하면 적용을 누른 후 저장을 하세요.

01 **사진 편집**에서 샘플사진을 선택한 후 **편집**에 있는 **효과**를 클릭해서 펼쳐줍니다. 앞 과정에서 작업한 결과와 비슷하지만 흐림효과를 역동적으로 줄 수 있게 효과에 몇 가지를 만들어 놓았습니다.

02 동작 흐림을 찾아서 클릭한 후 **강도**와 **각도**는 자전거의 진행방향에 따라 적당한 값으로 조정해 줍니다.

03 마스크를 클릭해서 펼쳐준 후 자전거와 사람을 마스크해줍니다. 이때 브러시의 크기를 조정해서 드래그해줍니다.

04 **마스크 반전**을 클릭해서 배경에 동작 흐림이 적용되도록 작업을 합니다. 이렇게 마스크 작업은 해보면 쉽게 알 수 있는데, 많은 연습이 필요합니다. 상단의 **각도**를 조정해서 어지럽지 않게 처리합니다.

05 아래와 같이 **방사형 흐림** 효과 작업을 해보세요.

03-5 ··· 빛

01 사진샘플을 선택한 후 **사진 편집**의 **빛**을 선택합니다.

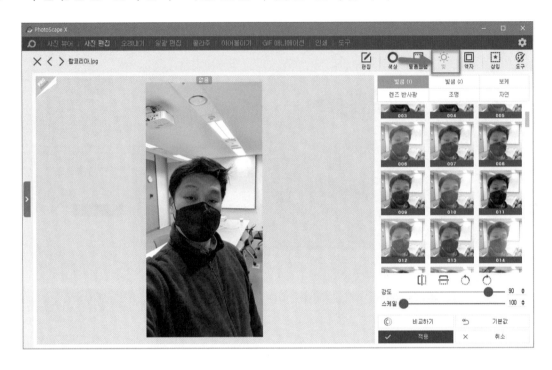

02 빛 효과를 줄 ❶보케를 선택한 후 보케 종류 썸네일에서 ❷003을 선택한 후 ❸붉은 색을 선택합니다. 여러 가지 색상을 선택해보세요.

03 보케 중심과 보케 거리를 적당하게 드래그하면 거리와 각도가 조절이 되어 예쁜 보케 현상을 얻을 수 있습니다. 이리저리 움직여서 다양한 보케를 만들어 보세요.

04 **모양** 버튼을 클릭하면 다양한 모양이 나타나는데, 원하는 것을 선택하면 보케 모양이 변경됩니다.

01 사진 편집에서 **편집**을 클릭한 후 **변형**에서 **어안 렌즈**를 선택합니다.

02 오른쪽 어안 렌즈 대화상자에서 중심점을 얼굴에서 코가 있는 쪽으로 이동시킵니다.

01 사진 편집 화면에서 **미니어처**를 선택하면 원형으로 미니어처 현상이 적용됩니다.

02 오른쪽 미니어처 대화상자에서 **선형**을 선택한 후 사진 작업창에서 선명하게
보일 부분으로 선을 이동시킵니다.

- 미니어처 느낌으로 촬영하는 것을 **틸트-시프트(Tilt-Shift)** 기법이라고 부르
  며 촬영할 때 이러한 느낌으로 찍어두면 특수한 느낌은 있지만 원본의 느낌은
  사라지므로 가급적 후보정을 하는 것이 일반적일 것입니다.

- 미니어처 효과 만들어 주는 사이트 http://tiltshiftmaker.com/

03-8 ··· 기타 재미있는 효과

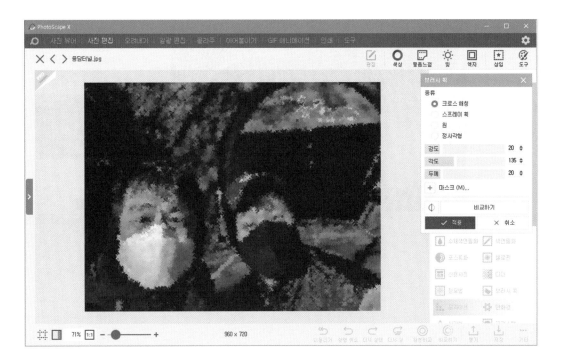

효과 - 브러시 획

효과 - 신문사진

효과 - 동심원

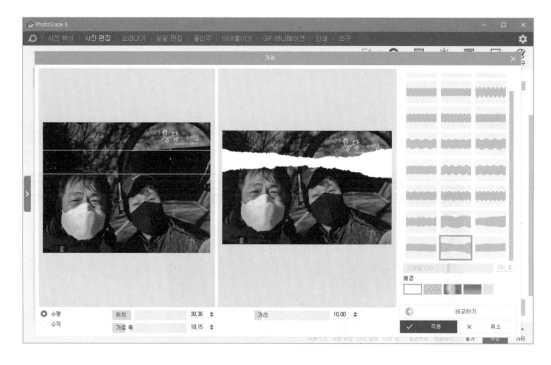

변형 - 가위

혼자 해 보기

1 아래와 같이 무채화로 변경하고, 흐림 효과를 적용해 보세요.

2 색상에서 음영반전을 체크한 후 마스크 작업을 해보세요.

스티커 붙이기

사진 편집과 동영상 편집에서 재미있게 해주는 요소가 바로 스티커를 이용하여 아래와 같이 꾸며주는 개체작업입니다. 다양한 도형 및 스티커와 글자 등을 그림 상황에 맞는 것을 찾아 삽입하여 꾸미고, 다양한 색상으로 스티커라는 개체를 사진에 붙여나가는 재미가 솔솔하게 느껴지면서 사진편집이 재미있어지게 됩니다.

🔍 무엇을 배울까?

01. 사진에 단순한 개체 삽입하기

02. 사진에 텍스트와 꾸미기로 편집하기

03. 사진에 PIP처럼 이미지를 넣고 그림자 주기

04. 개체의 다양한 기능 살펴보기

··· 사진에 스티커 붙이기

01 샘플 사진을 열어준 후 **사진 편집**에서 **삽입**을 선택합니다.

02 삽입 기능에 해당하는 내용 중 **스티커**를 클릭합니다.

03 스티커 분류가 되어있는데 왼쪽에서 ❶스티커를 선택한 후, 오른쪽창에 나오는 것에서 ❷부끄러운 눈동자를 선택한 후 상자의 아래에 있는 ❸확인을 클릭합니다.

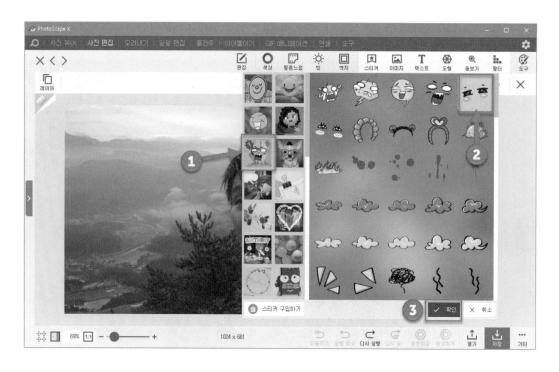

04 크기를 조절한 후 얼굴에서 눈에 맞춰 이동해 주는데, **가로:세로 비율 유지**를 **해제**하면 크기를 자유롭게 조절할 수 있습니다.

05 스티커 대화상자를 닫은 후 다시 스티커 버튼을 클릭합니다. 이때 대화상자 아닌 다른 곳을 클릭하면 개체 선택이 해제됩니다.

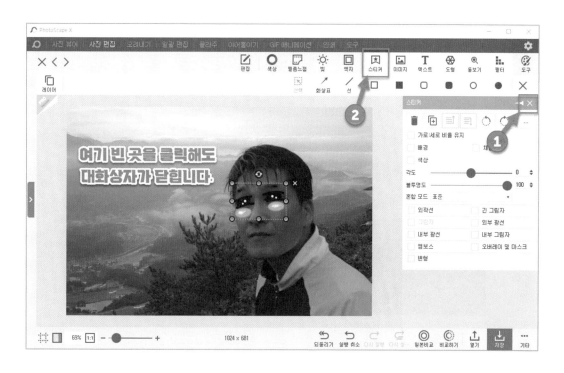

06 스티커 분류에서 ❶클립을 선택하고 오른쪽 창에서는 ❷원하는 클립을 고른 후 확인을 클릭합니다. 상황에 맞는 클립이 존재하고 해당하는 아이콘들은 배경이 투명한 파일입니다.

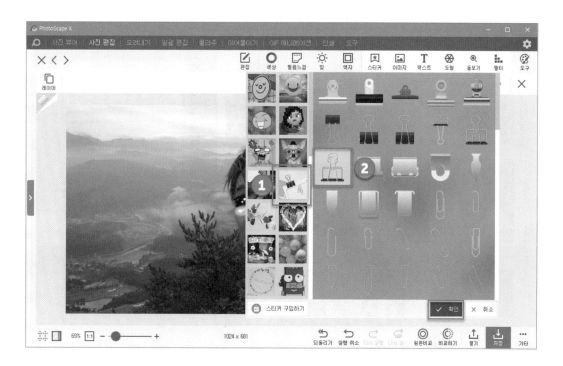

07 사진 가운데에 클립이 추가되면, ❶가로 세로비율 유지를 해제한 후, ❷왼쪽 상단으로 이동한 후 ❸시계 반대 방향으로 약간만 드래그해서 회전합니다.

08 엣지 브라우저를 실행하여 구글 이미지에서 **"강혜연"**을 검색한 후 아래의 사진을 찾아서 **사진** 라이브러리에 다운로드합니다.

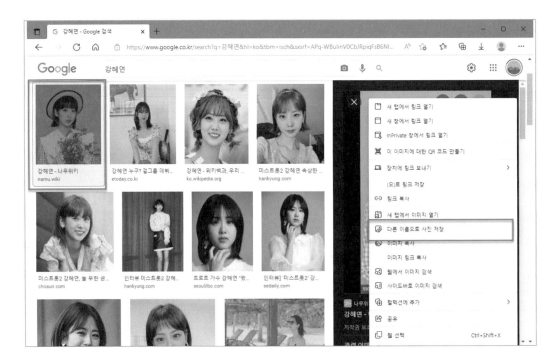

09 엣지 브라우저를 닫은 후 다시 포토스케이프 X를 바탕화면에 보이게 한 후 상단의 **이미지**를 클릭합니다. 만약 이미지 버튼이 보이지 않으면 **삽입**을 먼저 누른 후 **이미지**를 선택합니다.

10 다운로드한 이미지가 있는 **사진** 라이브러리를 선택한 후 해당 파일을 클릭한 후 **열기**를 클릭합니다.

11 가운데에 사진이 추가되면 클립과 같이 시계 반대 방향으로 회전시킨 후 크기를 조절해서 클립 위로 이동시킵니다.

12 추가된 사진 위에 마우스 오른쪽을 클릭 한 후 **뒤로 보내기**를 클릭해서 클립이 사진 위에 보이도록 합니다.

13 이미지 대화상자에서 **그림자**를 체크한 후 아래에 **거리 30, 각도 60, 흐림 20, 불투명도 60**으로 조절해줍니다.

14 **텍스트**를 클릭해서 사진에 글자를 추가해 보도록 합니다. **텍스트**를 선택하면 가운데에 Text란 글자가 삽입되는데, 글자체 등은 이전에 선택한 것으로 자동으로 나옵니다.

15 글상자에 ❶"트롯 다람쥐"를 입력한 후 글자체는 클릭한 후 ❷HY헤드라인M 을 더블클릭해서 선택하고, 글자색상은 ❸무지개색을 클릭한 후 원하는 **무지 개색**을 더블클릭하고 자리를 이동 배치합니다.

16 ❶텍스트를 클릭한 후 글상자에 ❷"강혜연"을 입력, 글자체는 HY엽서체M, **패턴**을 변경한 후 자리를 이동 배치합니다.

01 사진을 촬영한 후 블로그나 인스타그램에 사진을 올리려고 할 때 주소나 인물이 보여서 초상권에 침해될 수 있는 사진인 경우에는 반드시 모자이크나 블러 처리를 해야 합니다. **사진 편집**에 샘플 사진을 불러온 후 **삽입**을 차례대로 클릭합니다.

02 필터를 선택한 후 가려줄 도구로 적당한 것을 골라주면 되는데, **모자이크 #1**을 클릭하면 사진 중앙에 모자이크 모양이 나옵니다.

03 모자이크를 해줄 영역으로 개체를 이동시킨 후, **크기 조절**과 **회전** 도구로 가려줄 부분을 아래와 같이 가려줍니다. 옆에 아직도 가려야 할 곳이 남아있습니다.

04 필터 대화상자에서 **복제(추가)** 버튼을 클릭하면 모자이크 작업한 것이 똑같이 하나 더 생성이 됩니다.

05 아래와 같이 복제된 모자이크 **개체를 오른쪽으로 이동**한 후 **크기를 조절**해서 가려줍니다.

06 모자이크나 스티커 기능을 이용하여 작업을 하게 되면 샘플 사진의 왼쪽 상단에 **레이어** 탭이 보이면 클릭해 줍니다.

07 레이어가 체크되어 있는 것을 사진 샘플과 병합하려면 **병합** 버튼을 클릭합니다. 체크가 안 된 것도 사진 샘플과 무조건 병합을 하게 됩니다. 레이어의 순서와 복제, 삭제 작업을 할 수 있습니다.

01 엣지 브라우저를 실행한 후 구글 이미지에서 **"강혜연"**을 검색한 후 아래의 사진을 사진 라이브러리에 다운로드 합니다.

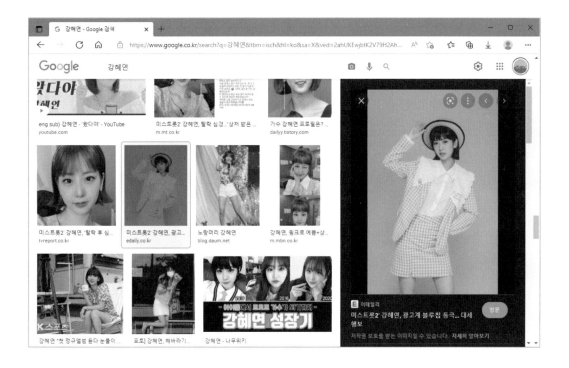

02 사진 편집에 다운로드한 사진을 불러온 후 오른쪽 하단의 **❶**…(기타)를 클릭한 후 **❷**클립보드에 복사하기(Ctrl + C)를 클릭합니다.

03 키보드 단축키 Ctrl + V 를 눌러서 **붙여넣기**하면 동일한 사진 두 장이 겹쳐서 보이게 됩니다. 왼쪽 상단에 레이어가 생긴 것을 확인할 수 있습니다.

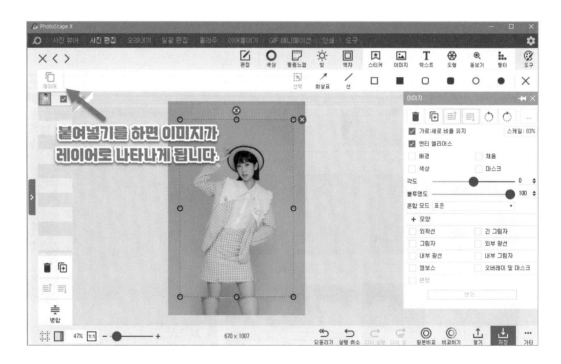

04 이미지 대화상자에서 ❶마스크를 체크한 후 나타나는 ❷…(더보기)를 누르면 마스크 대화상자가 나옵니다.

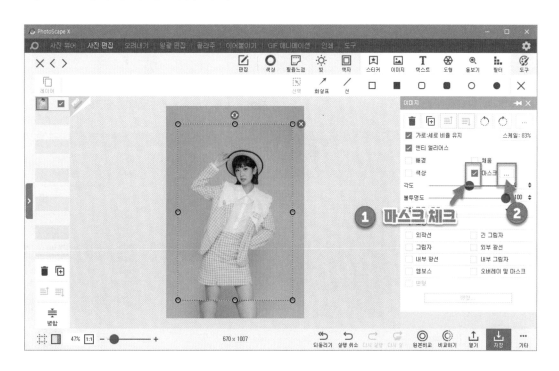

05 브러시를 선택한 후 인물에 드래그를 해서 아래와 같이 마스크 처리를 합니다. 마우스를 떼면 투명한 작업이 진행되고, 계속해서 인물을 마스크 처리해 줍니다.

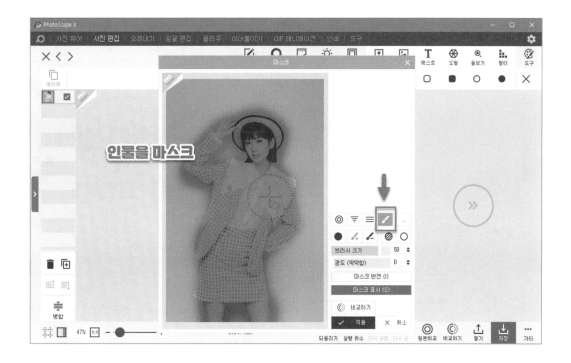

06 마스크 작업한 이미지의 조절점을 샘플 사진에 맞춰 크기를 맞춰 조절해 줍니다.

07 ❶색상을 클릭해서 체크하면 오른쪽에 ❷…(더보기)가 나오는데, 여기서 곧바로 클릭해서 색상 대화상자가 보이도록 작업합니다.

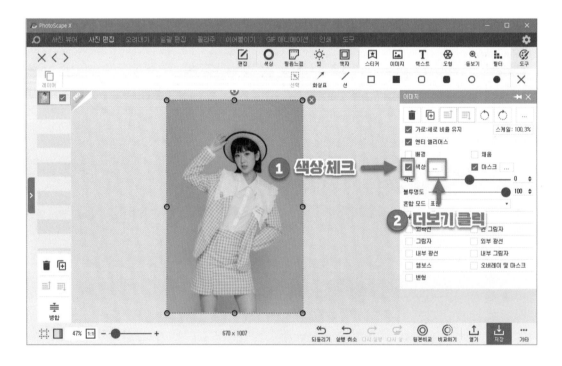

08 색상 대화상자에서 **원본 색상**을 클릭해서 **세피아**로 변경한 후 **확인**을 클릭해서 아래와 같이 세피아 톤으로 변경합니다.

09 이미지 대화상자를 닫거나 다른 메뉴를 클릭하면 레이어 창이 사라지게 됩니다. 하지만 다시 **삽입**을 클릭하면 레이어 작업을 이어서 할 수 있습니다.

10 오른쪽 하단의 …(기타)를 클릭해서 **프로젝트 저장**을 클릭한 후 저장할 이름
을 "**프로젝트1**"로 입력한 후 저장합니다.

11 포토스케이프 X의 **끝내기**를 한 후, 다시 포토스케이프 X를 실행한 후 …(기
타)에서 저장되어 있는 **프로젝트1**을 불러옵니다.

01 위 샘플 결과와 같이 포토스케이프 X에서는 글자를 변형작업으로 만들 수 있습니다. 사진 편집에서 용마랜드.jpg를 불러온 후 삽입 - 텍스트를 차례대로 클릭합니다.

02 글상자 안에 **"용마랜드에 놀러오세요"**를 입력한 후 폰트는 **HY헤드라인M**을 지정한 후 글자색은 **무지개색**으로 선택합니다.

03 텍스트 대화상자 아래에 있는 **변형**을 체크하면 바로 아래에 변형 버튼이 보이게 됩니다. **변형 버튼**을 클릭하면 다양한 변형 작업을 할 수 있습니다.

04 변형 대화상자가 나오면 하단에 **뒤틀기**의 **없음**을 클릭해서 다양한 뒤틀기 대화상자를 확인해 보세요.

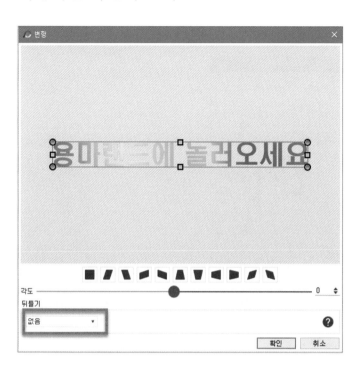

05 다양한 뒤틀기 작업이 있는데 여기서는 **아치**를 선택해보도록 합니다. 이것저것 클릭해서 어떤 형태로 나오는지 확인해 보세요.

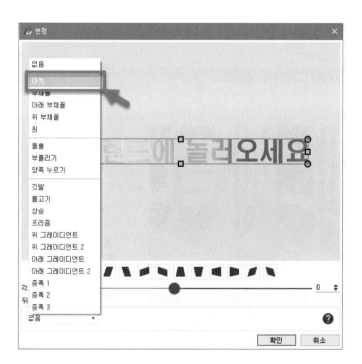

06 조절점을 위로 드래그하면 아치 형태로 만들어지게 됩니다. 하단에 있는 **강도**와 **내부 반지름**을 조절하면 다양한 아치 형태가 만들어 집니다. 마무리는 **확인**을 누르세요.

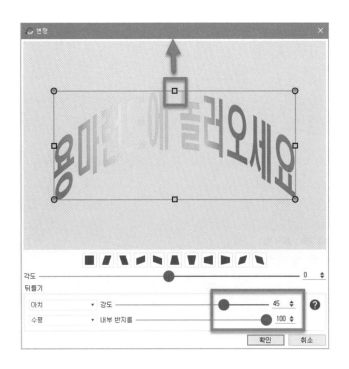

07 **긴 그림자**를 체크한 후 거리는 **33**, 각도는 **11** 정도로 수정해서, 텍스트의 크기를 조금 작게 조절합니다.

❶ 아래 샘플을 선택한 후 아이콘으로 재미있게 표현해보세요.

❷ 프로젝트로 저장한 "프로젝트1"을 불러온 후 레이어를 삭제한 다음 아래와 같이 작성하여 다시 "프로젝트2"로 저장합니다.

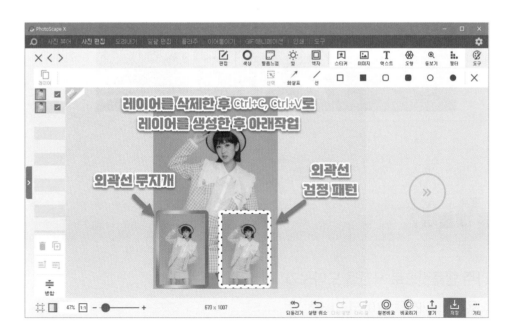

콜라주와 이어붙이기

이전 포토스케이프 버전에서는 '페이지'라는 기능으로 템플릿을 제공했으나 이번 버전부터는 '콜라주'라는 메뉴로 변경되었으며, 기존에 있던 '이어붙이기'는 그대로 용어를 사용하고 있습니다. 여러 장의 사진을 한 장의 용지에 모아서 파일로 보관하거나 인쇄할 수 있도록 하는 기능을 살펴보도록 하겠습니다.

 무엇을 배울까?

01. 콜라주 템플릿으로 사진을 모아보기

02. A4 용지에 사진을 모아서 인쇄하기

05-1 ··· 콜라주 사용하기

01 **콜라주** 메뉴를 클릭한 후 왼쪽의 사진 썸네일 창을 **포토스케이프X(샘플)** 폴더로 선택합니다.

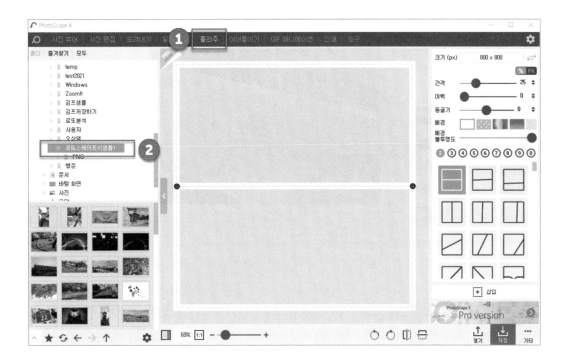

02 템플릿에서 제공된 칸에 따라 **사진들을 드래그해서 추가**해주며, 템플릿 공간에 클릭해서 사진을 추가할 수도 있습니다.

03 콜라주 템플릿에 사진을 추가한 후 **경계선**을 이동하거나, 콜라주 템플릿의 **각도**를 조절할 수 있으며, 사진도 **이동**할 수 있습니다.

04 템플릿에 추가된 사진에 마우스를 올려놓으면 올려놓은 사진 가운데에 파란 동그라미 포인터가 보이게 되는데, 다른 쪽 사진으로 드래그하면 사진이 서로 교차됩니다.

05 오른쪽 창에서 **간격, 여백, 둥글기**를 조절해서 결과를 확인해 보세요. 변경할 콜라주 **템플릿**을 아래에서 선택합니다.

06 템플릿의 **경계에 마우스를 클릭**하면 포인터가 보이게 되는데, 드래그해서 모양을 변경해 본 후, 오른쪽 하단에 스티커를 넣기 위해 **삽입** 버튼을 클릭한 후 **스티커**를 선택합니다.

07 스티커 종류는 ❶클립을 선택한 후 ❷원하는 클립 형태를 선택하고, 하단의 ❸확인을 클릭합니다.

08 삽입된 클립의 조절점과 회전을 이용해서 아래와 같이 적용한 후 아래에 있는 사진을 클릭하고 사진 크기, 회전, 원본 색상, 필름느낌을 적용할 수 있는 상자가 펼쳐지면 필름느낌을 클릭합니다.

09 필름느낌 대화상자가 열리면 ❶기타를 클릭한 후 ❷Scratch04를 선택한 후 하단에 있는 ❸적용을 클릭합니다.

10 이미지 확대/축소 슬라이딩바를 조절해 보고, 회전 슬라이딩 바를 드래그해서 회전도 시켜본 후 필요하면 저장을 클릭해서 보관해 두세요.

01 **이어붙이기** 메뉴를 선택한 후 가로 폭을 600으로 변경합니다.

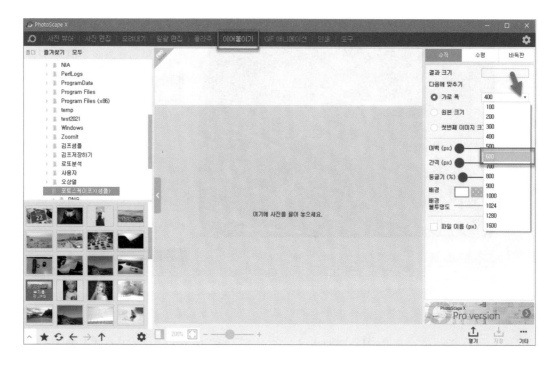

02 이어붙이는 방향을 **수평**으로 선택한 후 왼쪽 썸네일에서 어어붙일 사진을 드래그해서 **추가**해 줍니다.

03 여백 30, 간격 20, 둥글기 30으로 변경해서 결과를 확인해 보세요. 사진 크기에 따라 값을 변경해서 적용해 보면 됩니다.

04 파일이름을 체크한 후 50px로, 색상은 검정색으로 설정하고 글꼴은 HY헤드라인M을 지정합니다.

05 사진을 클릭한 후 이름을 개별적으로 입력합니다. 변경하지 않으면 파일명이
그대로 입력되게 됩니다.

07 **이어붙이기 배경**을 무지개로 변경해봅니다. 만약 마지막에 있는 투명배경을
선택할 경우는 저장할 때 다른 이름으로 저장을 클릭해서 파일형식을 PNG
로 해야 투명을 유지할 수 있습니다.

혼자 해 보기

① 무채화, 세피아, 블랙&화이트로 한 후 글자도 삽입해서 만들어 보세요.

② 바둑판으로 이어붙이기를 아래와 같이 만들어 보세요.

오려내기 & 스팟 복구

이전 포토스케이프 버전에서는 없는 기능으로 배경을 투명하게 만드는 기능이 추가되었는데, 앞에서 다루었던 마스크 기능도 역시 배경을 투명하게 만드는 기능중 하나입니다. 포토샵에서 가장 많이 사용하는 기능에서 누끼따는 기능이라고 여기고 작업을 따라하면 어렵지 않게 사용할 수 있는 기능이지만 시간이 많이 걸리는 작업입니다.

무엇을 배울까?

01. 자동 지우개를 이용하여 배경 제거하기

02. 올가미를 활용하여 배경 제거하기

03. 브러시로 깔끔하게 처리되지 못한 것 제거하기

01 오려내기 메뉴를 클릭한 후 아래의 샘플을 드래그해서 가져옵니다.

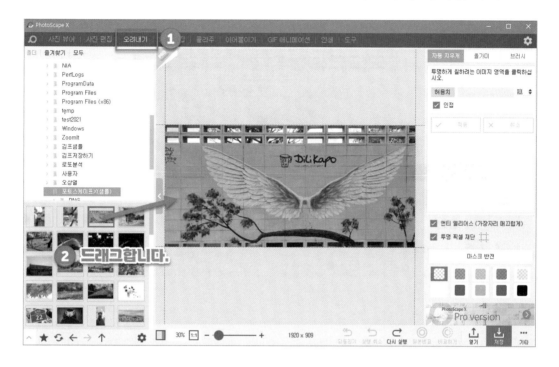

02 자동 지우개를 선택한 후 허용치 30, 인접은 체크된 상태에서 지우려고 하는 벽돌 배경에 클릭합니다.

03 최대한 벽돌을 클릭해서 제거하도록 합니다. 날개가 지워지면 하단의 **실행 취소**를 적절하게 사용하면서 제거하도록 합니다.

04 날개와 가까운 부분이 제거될 수 있으므로, **인접은 해제합니다.** 허용치는 15 로 변경한 후 날개 근처를 작업하도록 하겠습니다.

05 화면 아래의 확대/축소 슬라이드를 **확대**해서, 날개에 가까운 제거되지 않은 부분에 클릭해서 제거합니다.

06 스페이스 바를 누른 상태에서 제거작업을 할 위치로 드래그해서 이동을 한 후 클릭해서 제거 작업을 계속 진행합니다. 이런 작업을 섬세하게 하면 시간 이 오래 걸립니다.

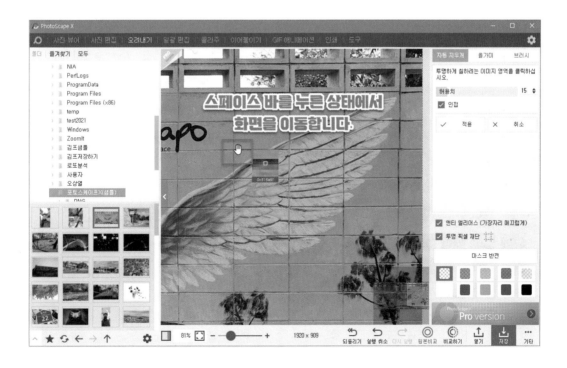

07 날개에 가까운 영역을 얼마나 섬세하게 제거하는 것이 포인트입니다. 제거가
잘 되었다고 하면 아래의 **맞춤(fit)** 버튼을 클릭합니다.

08 오른쪽 창에서 **올가미**를 선택한 후, **패스닫기가 체크**된 것을 확인한 후 **붓에
+가 붙어있는 버튼**이 선택되었는지 확인합니다. 지금은 제거 작업이므로 플
러스 브러시는 제거를 한다는 의미입니다.

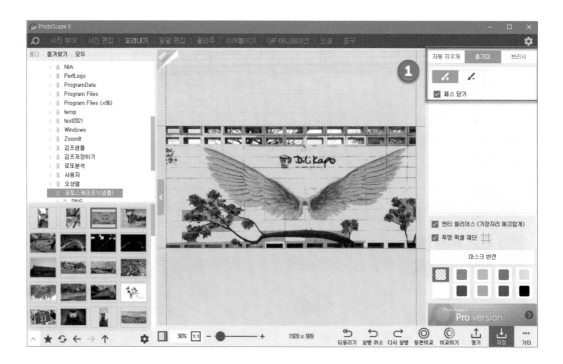

09 배경을 제거할 영역을 아래 그림처럼 드래그를 해서 영역을 잡아주면 됩니다. 시작한 부분까지 오면 되지만 패스 닫기를 했으므로 대충 근처까지 가면 제거 작업이 이루어집니다.

10 나머지 제거할 배경도 마우스로 드래그를 하면 올가미로 엮어서 포위하는 작업으로 제거해 줍니다.

11 섬세하게 지우개를 이용해서 지우는 마무리 작업이 필요합니다. **브러시**를 선택한 후 **브러시 크기를** 15로 정한 후, **화면을 확대**해서 작업을 진행합니다.

12 마우스를 누르면 지울 것이 더 선명하게 보이므로 제거할 때 한결 편할 것이고, 스페이스 바를 누르면 원래 화면이 보이게 됩니다.

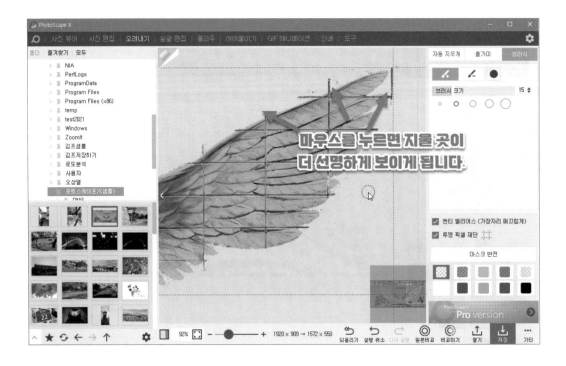

13 아래와 같이 잘못해서 제거된 부분은 다시 되돌리려면, **빼기 브러시**를 선택한 후 잘못 지운 부분을 칠해줍니다.

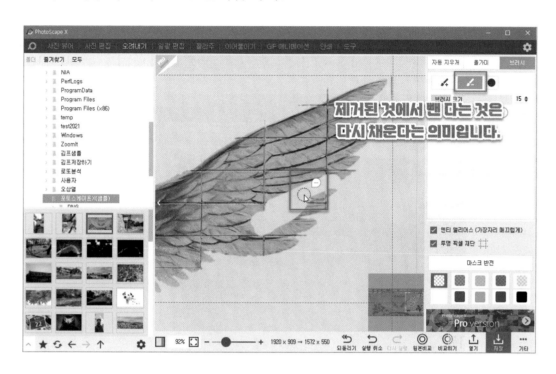

14 **저장**을 클릭한 후 파일형식이 **PNG인지 확인**한 후 저장을 클릭합니다. 배경이 투명하게 제거된 파일은 **사진 라이브러리**에 **파일이름-cutout**이라는 것으로 저장이 됩니다.

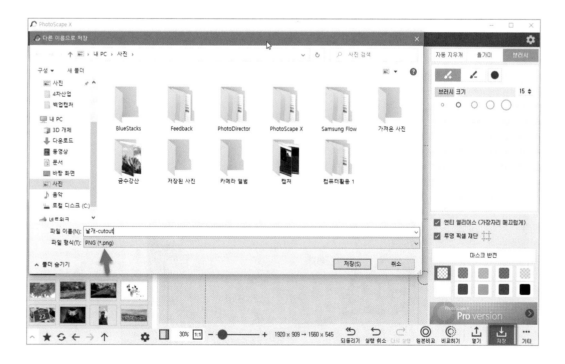

01 사진 편집에서 샘플 사진을 불러온 후 도구를 클릭합니다.

02 도구 대화상자가 열리면 스팟 복구 브러시를 클릭합니다. 점을 없애거나 상처 난 곳을 복구해 주는 기능입니다.

03 없애야 할 부분이나 메꾸어야 할 부분을 클릭하면 그 근처의 이미지를 복제 해서 덮어씌워줍니다.

04 **브러시의 크기**에 따라 결과가 달라지는데, 브러시의 안쪽에 있는 것을 기준 으로 복제를 하기 때문에 상황에 따라 크기를 다르게 해서 작업해야 합니다.

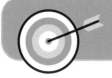

혼자 해 보기

1 배경을 제거한 후 사진 라이브러리에 저장해 보세요.

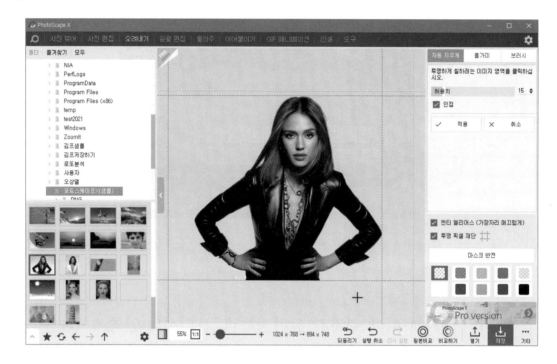

2 사진 편집의 삽입 기능으로 아래와 같이 합성해 보세요.

07 스마트폰 사진 옮기기

이번 장에서는 스마트폰으로 촬영한 사진을 컴퓨터에 옮기는 과정을 알아보도록 하겠습니다. 스마트폰과 USB 케이블을 연결하여 옮기는 방법을 사용해서 작업합니다.

 무엇을 배울까?

01. 데이터 케이블을 이용하여 사진을 전송하기
02. OTG USB 메모리를 이용하여 사진을 옮기기

01 스마트폰과 PC를 케이블로 연결합니다.

02 내 PC를 더블클릭으로 열어보면 아래와 같이 스마트폰 이름이 연결되었다고
나타납니다.

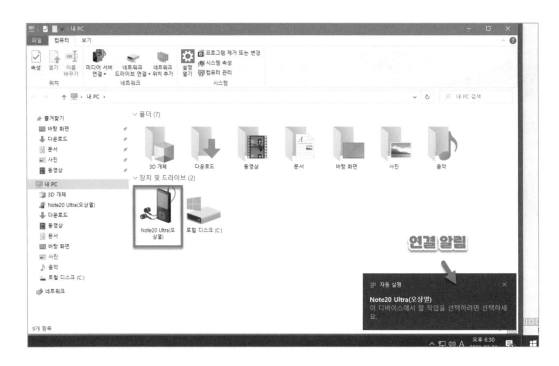

❖ 스마트폰이 PC 화면에 나오지 않을 때 스마트폰 설정하기

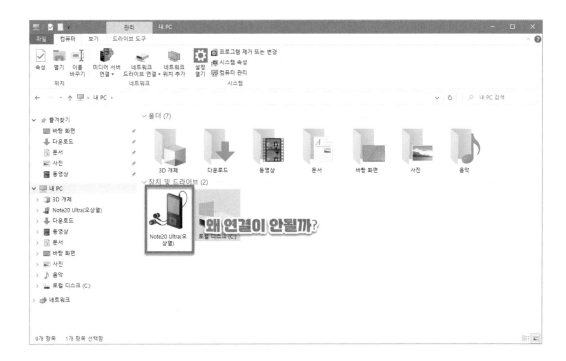

요즈음 스마트폰들은 **USB 디버깅 모드**를 풀어줘야 컴퓨터에 드라이버 자동 설치 및 컴퓨터와 내 스마트폰이 연결이 됩니다.

❖ 스마트폰에서 **설정**을 열어준 후 **휴대전화 정보**를 선택합니다.

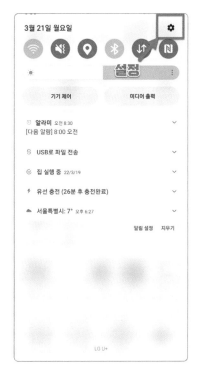

❖ **소프트웨어 정보**를 먼저 터치한 후 열리는 화면에서 **빌드 번호를 7번 연속 터치**를 하면 개발자 옵션이 생성이 됩니다. 뒤로 뒤로 되돌아가면 휴대전화 정보 아래에 **개발자 옵션**이 나타납니다.

❖ 개발자 옵션에 들어가서 **USB 디버깅**을 체크를 하면 허용할 것인지 묻는 상자가 나오면 **허용**을 누릅니다.

03 DCIM 폴더를 더블 클릭하면 Camera 폴더가 보입니다. 스마트폰으로 촬영한 사진과 동영상은 DCIM에 저장이 됩니다.

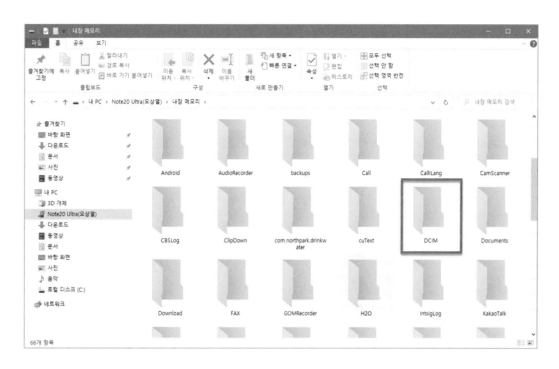

04 DCIM 폴더가 열리면 Camera(카메라) 폴더를 더블클릭해서 열어줍니다.

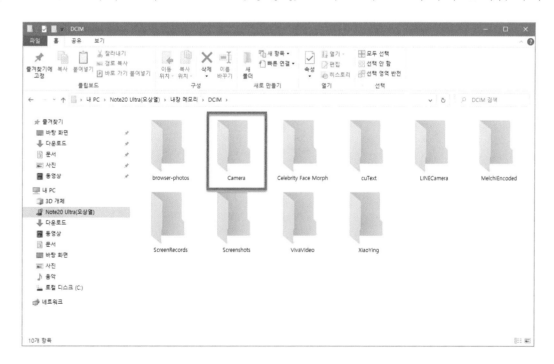

05 PC로 옮겨갈 사진을 선택합니다. 첫 번째 사진에 **클릭**한 후 복사할 마지막 사진에 Shift +클릭으로 선택한 후 리본 메뉴에서 **복사**를 클릭합니다.

06 복사될 장소는 **사진** 라이브러리를 클릭한 후 리본메뉴에서 **새 폴더**를 클릭해서 "**스마트폰사진**"이라고 입력한 후 Enter 를 눌러서 폴더를 생성한 후 더블클릭으로 폴더를 열어줍니다.

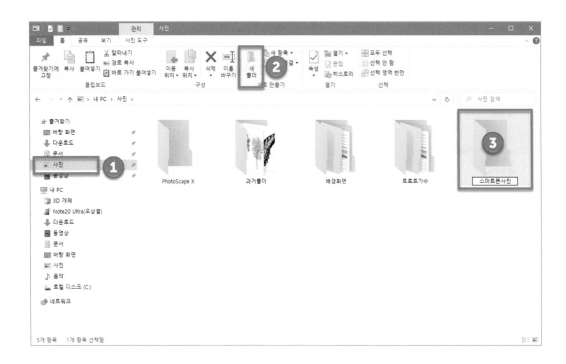

07 리본 메뉴에서 **붙여넣기**를 클릭하거나 Ctrl + V 를 눌러서 스마트폰의 사진을 넣어줍니다.

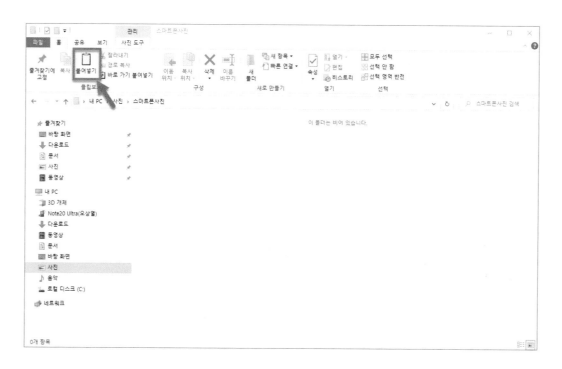

08 스마트폰으로 촬영한 사진이 모두 옮겨지는 과정이 보이고, 윈도우10부터는 사진이 자동으로 회전이 되므로 그냥 붙여넣기만 하면 됩니다.

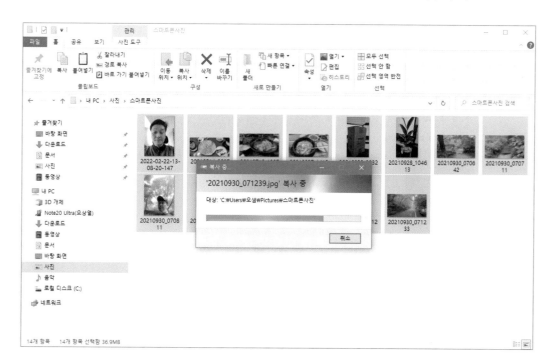

01 인터넷에서 **네이버**로 들어간 후 **쇼핑**을 클릭합니다.

02 검색상자에 "**OTG USB**"를 입력한 후 Enter 를 눌러서 네이버 쇼핑에서 가격이 어느 정도인지 확인해 봅니다.

03 여러 가지 형태의 OTG USB 메모리가 있는데, 여기서 중요한 것은 용량과 인터페이스 유형입니다. 병행보다는 정품을, 용량은 64GB, 인터페이스는 USB3.1 Gen1정도를 권장합니다.

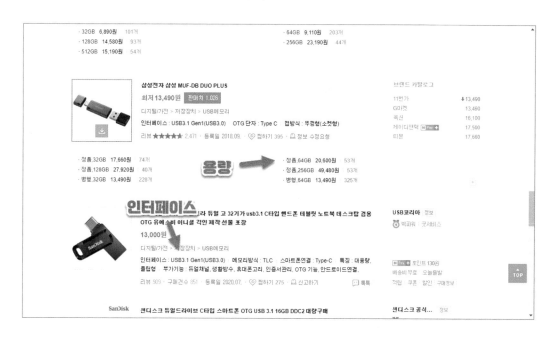

04 인터넷으로 구매할 수도 있지만, 대형마트, 하이마트, 알파문구, 다이소 등에 가면 OTG USB메모리를 판매하고 있으니 가격을 참고해서 구매하시면 됩니다.

01 OTG USB 메모리를 스마트폰에 삽입해서 장착합니다..

02 스마트폰에서 **내 파일** 앱을 선택한 후 **USB 저장공간1**을 선택합니다. 스마트
폰에 따라 이름이 다르게 나오는 경우도 있습니다.

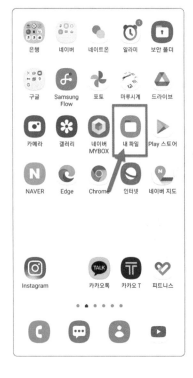

03 USB에 어떤 내용이 들어있는지 확인할 수 있습니다. 다시 내 파일의 **홈 버튼**을 눌러서 첫 화면에서 **내장 메모리**를 누릅니다.

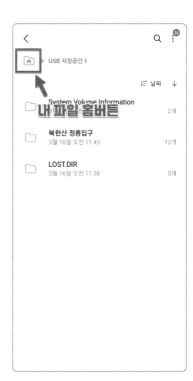

04 DCIM 폴더를 누른 후 Camera 폴더를 차례대로 누릅니다.

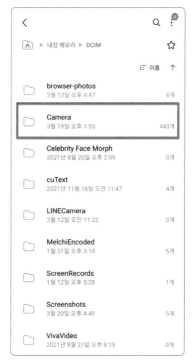

05 USB로 복사할 사진을 길게 **롱 터치**한 후 사진들을 선택한 후 아래에 보이는 **복사** 버튼을 누릅니다.

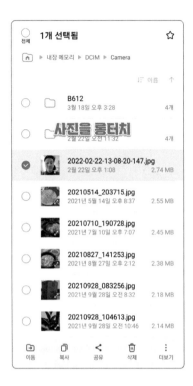 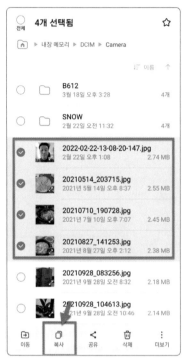

06 상단에 있는 **홈 버튼**을 누른 후, **USB 저장공간1**을 터치합니다.

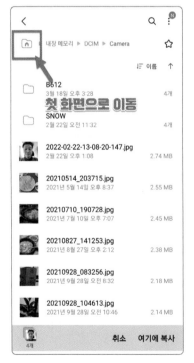 

07 오른쪽 상단의 **기타옵션(⋯)**을 누른 후, **폴더 추가**를 터치합니다.

08 **폴더 이름 입력**한 후 **추가** 버튼을 클릭한 후, **생성된 폴더**를 터치하면 폴더로 들어가게 됩니다.

 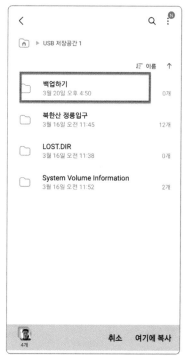

09 화면 하단에 있는 **여기에 복사**를 누르면 복사가 되며, 내 파일의 **홈 버튼**을 누릅니다.

10 USB 저장공간1의 ⋯(기타옵션)을 눌러서 **마운트 해제**를 합니다.

웹에서 가져오기

이번 장에서는 웹 브라우저에서 구글 이미지를 검색한 후 다운로드하는 방법과 무료 이미지 다운로드 사이트를 알아보도록 합니다.

🔍 무엇을 배울까?

01. 구글 사이트에서 이미지 검색하기

02. 폴더에 파일형식 확인하고 저장하기

03. 픽사베이 사이트에서 다운로드하기

01 웹 브라우저를 실행한 후 google.com을 입력해서 상단의 **이미지**를 클릭합니다. 불필요한 상자는 닫기를 클릭합니다.

02 검색상자에 "나무 filetype:png"를 입력한 후 Enter 를 누릅니다.

03 이미지 중에서 파일형식이 **PNG 파일**로 검색되는데, PNG는 배경을 투명하게 할 수 있는 장점이 있습니다. **소스**를 클릭합니다.

04 배경이 아래처럼 체크 무늬이면 투명한 파일을 의미합니다. PNG 파일일 때 투명한 배경일 확률이 높습니다.

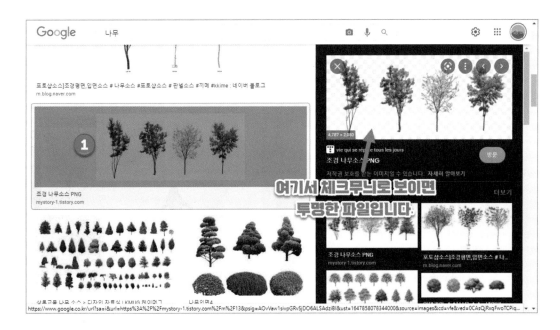

05 투명한 사진에 ❶마우스 오른쪽 단추를 클릭해서 ❷다른 이름으로 사진 저장을 클릭합니다.

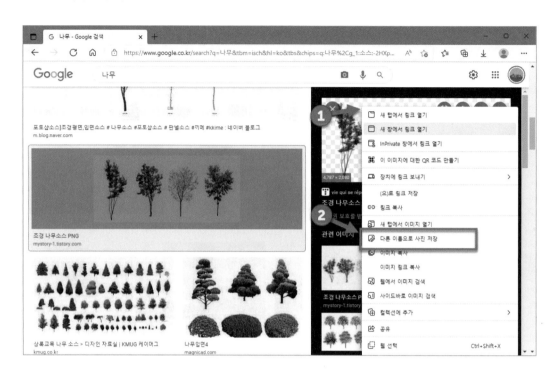

06 사진 저장 대화상자가 나오면 **사진** 라이브러리를 선택한 다음 **파일명을 입력**한 후 **저장** 버튼을 클릭합니다.

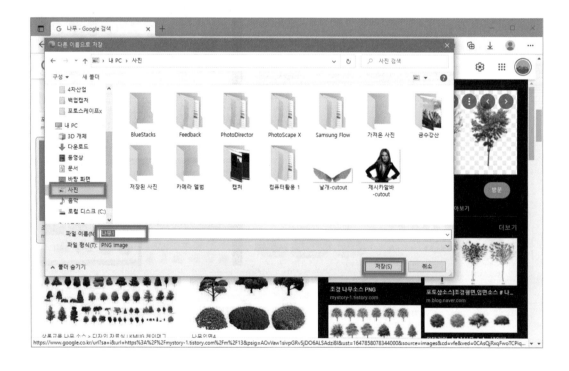

08-2 ··· 구글 애니메이션 저장하기

01 움직이는 사진을 검색하기 위해 구글 사이트에서 **이미지**를 클릭합니다.

02 검색상자에 **"나비"**를 입력한 후 Enter 를 누릅니다.

03 나비 이미지가 검색되어 나오면 ❶도구를 클릭하면 아래에 도구들이 나오게 됩니다. 여기서 ❷유형을 클릭한 후 ❸GIF를 선택합니다.

04 아래와 같이 나비 이미지를 클릭하면 큰 이미지가 오른쪽에 나타납니다.

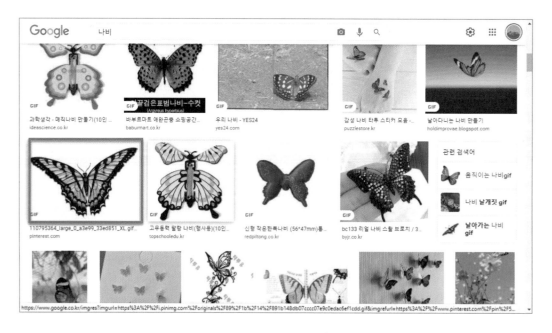

05 ❶마우스 오른쪽 단추를 클릭한 후 ❷다른 이름으로 사진 저장을 클릭합니다.

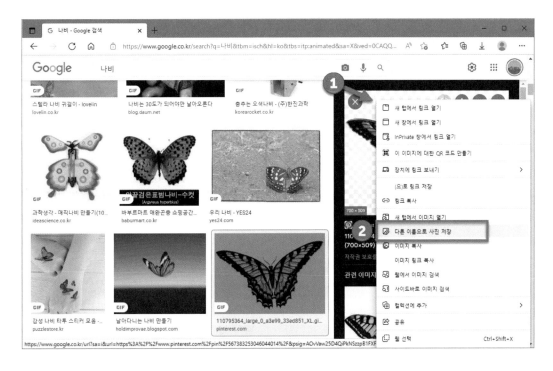

06 저장할 위치는 **사진**으로 클릭한 후 파일이름에 **나비1**을 입력하고 **저장** 버튼
을 클릭합니다.

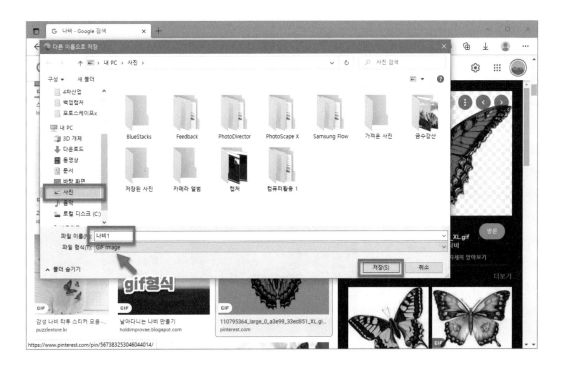

08-3 ··· 무료 이미지 사용하기

01 엣지 브라우저에서 **"픽사베이"**를 검색한 후 해당 링크를 클릭해서 픽사베이 사이트로 이동한 후 **"코스모스"**를 검색합니다.

02 코스모스를 검색하면 우주도 나오고 꽃도 나오는데, 아래로 이동하여 예쁜 코스모스 꽃을 찾아서 클릭합니다.

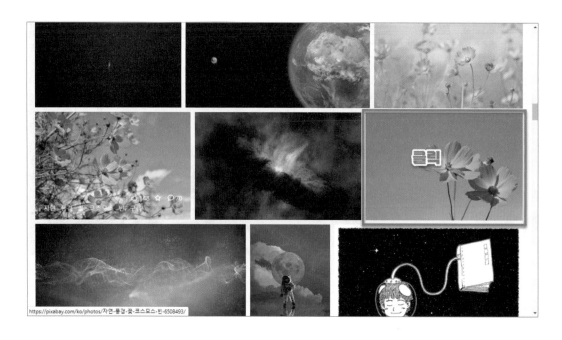

03 ❶무료 다운로드 버튼을 클릭하면 위로 해상도가 나오게 되는데 선택된 해상도 ❷1920x1280을 선택한 후 ❸다운로드를 클릭합니다.

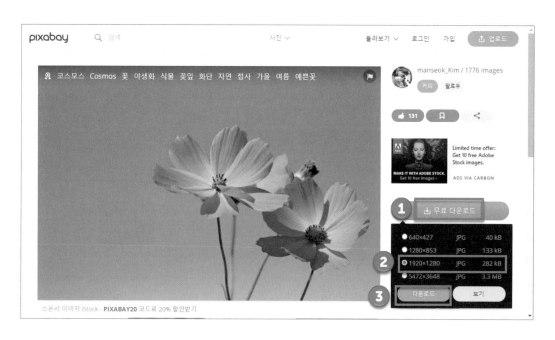

04 다운로드할 때 나오는 대화상자인데 로그인을 하지 않고 그냥 다운로드하게 되면 나오게 됩니다. **로봇이 아닙니다**를 체크한 후 **다운로드**를 클릭합니다.

05 곧바로 다운로드가 진행되기도 하지만 로봇인지 파악하기 위해 타일을 선택하는 화면이 나오기도 합니다. 06번 과정을 더 거쳐야 다운로드가 되기도 합니다.

06 질문에 해당하는 것을 체크한 후 확인 버튼을 클릭합니다.

 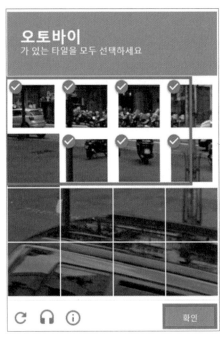

07 타일을 제대로 선택을 하게 되면 정상적으로 다운로드가 된 화면이 오른쪽 상단에 보이게 됩니다.

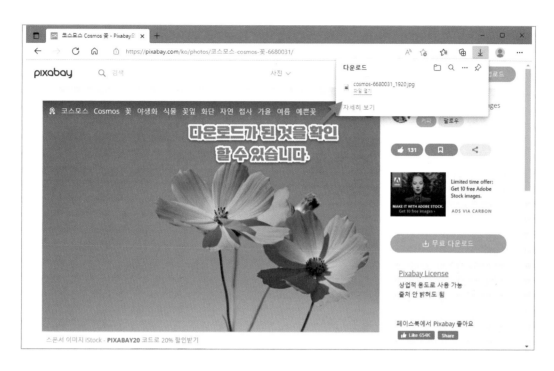

08 다운로드된 것을 확인하려면 **다운로드** 라이브러리에서 확인할 수 있으며, 다른 이름으로 사진 저장한 것은 기본적으로 **사진** 라이브러리에서 확인할 수 있습니다.

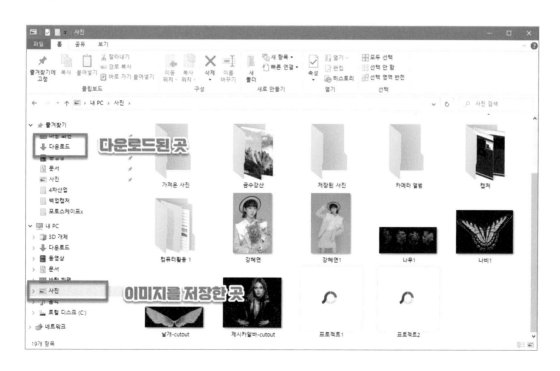

01 엣지 브라우저를 실행한 후 검색상자에 **"픽사베이"** 사이트를 검색한 후 이동합니다. 주소표시줄에 직접 사이트명을 입력하면 영어로 나오게 되고, 검색해서 이동하면 한글로 사이트가 열립니다.

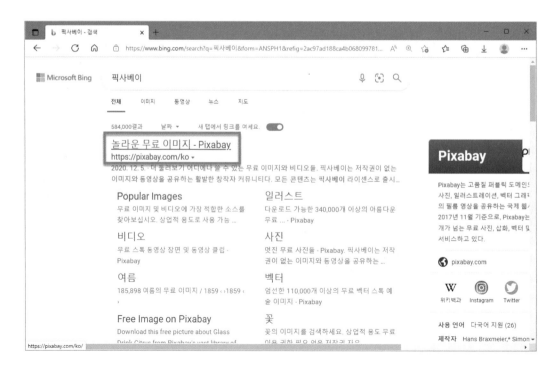

02 픽사베이 사이트에서 검색상자에 **"코스모스"**를 입력하여 검색을 한 후 아래의 이미지를 찾아서 클릭합니다.

03 **무료 다운로드** 버튼을 클릭한 후 해상도를 1920×1277을 선택한 후 아래에 있는 **다운로드**를 클릭해서 다운받은 후 창을 닫아줍니다.

04 포토스케이프를 실행한 후 **사진 편집**에서 다운로드 받은 **코스모스**를 열어준 후 **편집** - **변형** - **문자 마스크**를 차례대로 클릭합니다.

05 글상자에 "COSMOS"를 입력한 후 폰트는 Impact로 되어있지만 확인하고, 배경은 **투명**으로 선택한 후, **스트레치**를 체크합니다.

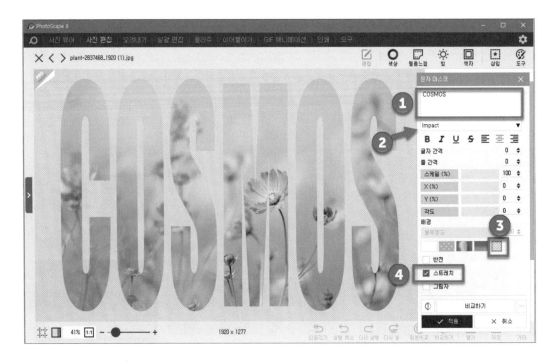

06 그림자를 체크한 후 그림자색은 **회색, 거리 10, 흐림 20, 각도 45**로 지정한 후 **적용**을 클릭합니다.

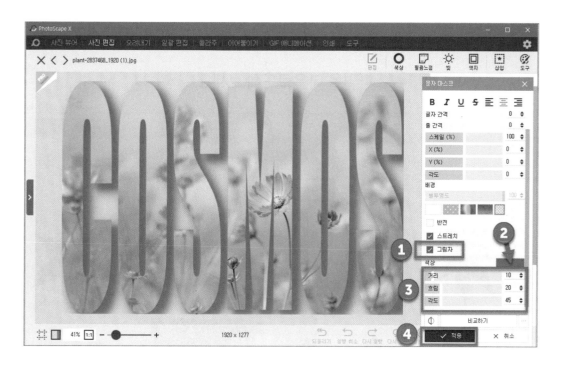

07 **필름느낌**에서 **오래된 사진**을 선택한 후 **A004**로 설정한 후 **적용**을 클릭합니다.

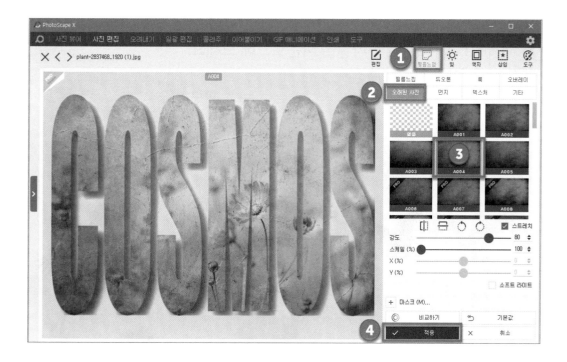

① 단풍잎에 대한 PNG 파일을 다운로드해 보세요.

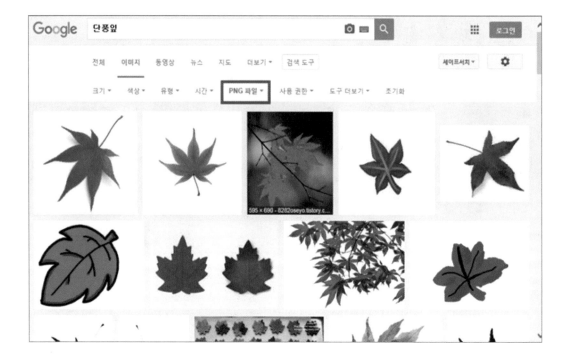

② 새(BIRD)에 대한 GIF 파일을 다운로드해 보세요.

09 일괄 편집하기

사진을 작업할 때 한 장씩 편집하는 경우도 있지만 일괄적으로 크기를 조절하거나 자르기를 할 때가 있으며, 또한 낙관이나 날짜, 촬영 장소 등을 사진에 동일한 장소에 추가할 때도 있으며, 파일 형식을 일괄적으로 변환할 때도 있습니다. 이러한 방법을 쉽게 처리하는 방법이 일괄 편집입니다.

🔍 무엇을 배울까?

01. 사진 크기를 일괄적으로 변경하기

02. 폴라로이드 사진으로 변경하기

03. 일괄적으로 이름을 변경하기

04. 공통적 텍스트를 일괄적으로 추가하기

01 일괄 편집 메뉴를 클릭한 후 익스트림1-9까지를 드래그합니다.

02 크기 조절을 클릭해서 펼친 후 가로 폭을 500으로 변경합니다.

03 오른쪽 하단에 있는 **저장** 버튼을 클릭하면 저장 대화상자가 열리게 됩니다. 여기서 어떻게 저장할 지를 선택해야 합니다.

04 **하위 폴더에 저장**을 선택한 후 폴더이름으로 **"500사이즈"**를 입력하고 파일 이름 지정에서는 **원래 파일 이름 유지**를 선택한 후 **확인**을 클릭합니다.

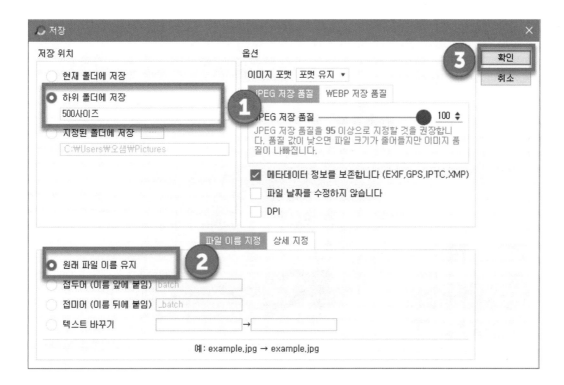

01 앞 과정의 크기 조절에서 **원본 크기**를 선택합니다.

02 일괄 편집 기능에서 가장 아래에 있는 **액자**를 클릭합니다.

03 액자 대화상자가 열리면 **테두리**를 선택한 후 테두리의 종류를 고른 후 테두리 두께를 **왼쪽, 위쪽, 오른쪽은 10**을 **아래쪽은 25**로 조절한 후 **적용**을 클릭합니다.

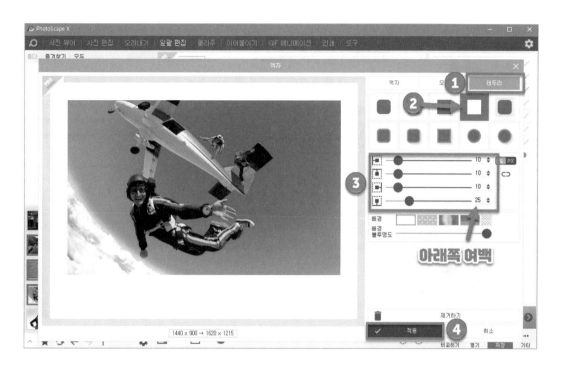

04 **삽입**을 클릭해서 펼치면 아래로 +가 8개가 나오는데 **첫 번째** +를 클릭해서 **텍스트**를 선택합니다.

05 ❶영역을 클릭하면 글자를 입력할 수 있는 화면이 나오고, ❷기준점을 오른쪽 아래로 클릭한 후 ❸텍스트 내용을 입력합니다..

06 글자색을 무지개색으로 선택한 후, 글자의 크기를 조절점을 이용해서 아래와 같이 조절합니다.

07 그림자 효과를 체크해서 글자가 양각으로 도드라지게 만들어준 후, 위치를 아래 테두리쪽으로 보기 좋은 위치로 이동시킵니다.

08 오른쪽 하단의 **저장** 버튼을 클릭한 후 **하위 폴더에 저장** 칸에 "**액자넣기**"를 입력한 후 **원래 파일 이름 유지**로 확인을 클릭합니다.

09 작업하는 사진을 지우기 위해 상단 영역에 클릭을 한 후 Ctrl + A 를 눌러 모두 선택합니다.

10 마우스 오른쪽 단추를 눌러서 제거하기를 선택합니다.

09-3 ··· 필터와 개체 일괄 적용하기

01 익스트림1-9까지 선택한 후 작업창으로 드래그를 해서 추가합니다.

02 이전에 작업한 결과가 적용되는데, 아래와 같이 액자와 삽입했던 내용을 삭제를 해서 해제합니다.

03 필터를 클릭해서 나타나는 **뽀샤시** 항목을 클릭한 후 **강**을 선택하고, **비네팅**을 **강**으로 선택합니다.

04 삽입을 클릭해서 펼친 후 **첫 번째** +를 클릭해서 **스티커**를 선택합니다.

05 왼쪽에서 분류를 선택한 후 오른쪽에서 아래와 같이 선택한 후 **확인** 버튼을
클릭합니다.

06 기준점을 **좌측 상단**으로 선택한 후, 크기를 조절해서 이동시켜주고, **외곽선**
을 무지개색으로 아래와 같이 정합니다.

07 두 번째 +를 클릭해서 이미지를 선택합니다. 이렇게 추가할 수 있는 스티커 (개체)는 8개까지 가능합니다. 낙관 파일이 있다면 여기서 동일한 작업으로 진행할 수 있습니다.

08 내 PC - 로컬디스크(C:) - 포토스케이프x(샘플) 폴더에서 **참잘했어요** 파일을 열기합니다.

09 기준점을 **왼쪽 하단**으로 정한 후 **크기를 조절**해서 아래와 같은 위치에 이동시 킵니다.

10 도장이 3개가 들어가 있어서 나머지 2개는 지우기 위해 **마스크**를 체크한 후 …(더보기)를 누릅니다.

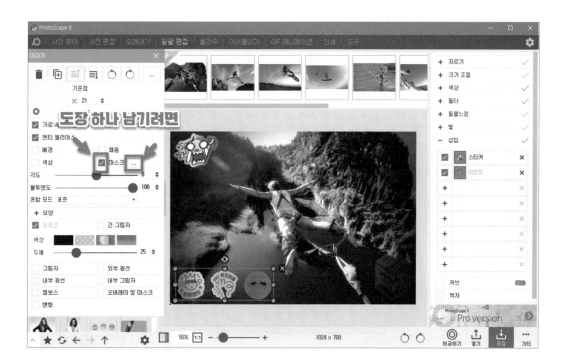

11 브러시로 필요 없는 부분을 드래그해서 깔끔하게 지워줍니다. 잘못 지웠을 때는 빼기 브러시를 눌러서 복구시키면서 작업하고, 모두 지웠으면 **적용**을 클릭합니다.

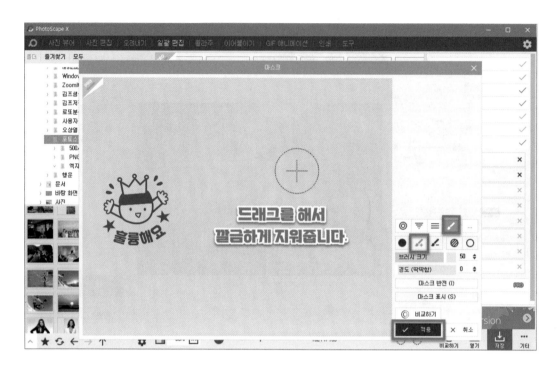

12 오른쪽 하단의 **저장**을 클릭한 후 하위 폴더 상자에는 **"뽀샤시와 도장"**을 입력한 후 **확인**을 클릭합니다.

혼자 해 보기

① 필름느낌:기타(Scratch03), 색상:세피아로 일괄 편집해 보세요.

② 빛(렌즈반사광003), 액자(모양), 삽입(스티커)으로 만들어보세요.

애니메이션 만들기

이번 장에서는 사진에 동일한 내용을 위치 또는 글자를 입력하여 여러 장을 저장한 후 애니메이션을 만들어 보도록 합니다. 이러한 애니메이션 작업을 '움짤'이라고 부르기도 하는데, 크리스마스 카드를 이용하여 애니메이션 작업을 하면서 사진 편집도 배워보도록 합니다.

🔍 무엇을 배울까?

01. 사진 편집에서 사진효과를 적용하여 저장하기

02. 텍스트를 입력하여 사진 저장하기

03. 애니메이션 작업하고 저장하기

01 사진 편집 메뉴에서 카드.jpg를 열어준 후 삽입을 클릭합니다.

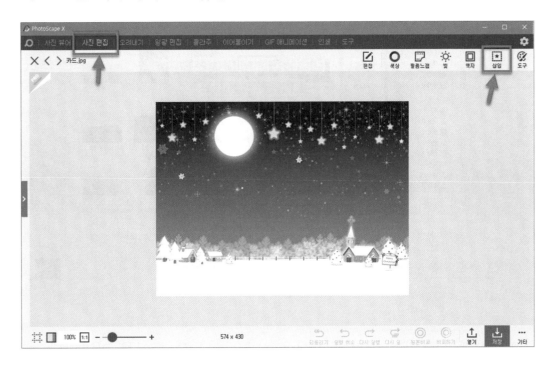

02 삽입에서 이미지를 클릭합니다.

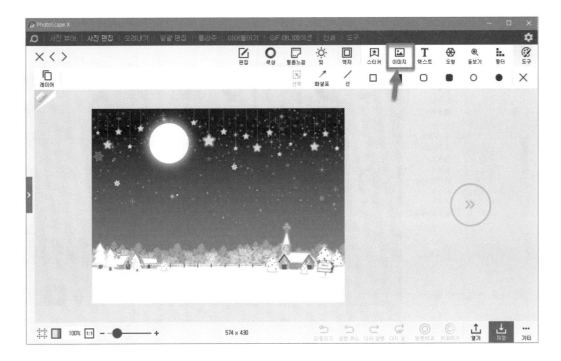

03 로컬디스크(C:) - 포토스케이프x(샘플) 폴더를 열어서 **아이콘** 폴더를 더블클릭으로 열어줍니다.

04 포토스케이프 이전 버전에서 사용하던 폴더들을 모아둔 것입니다. effect 폴더(특수효과)를 더블클릭으로 열어줍니다.

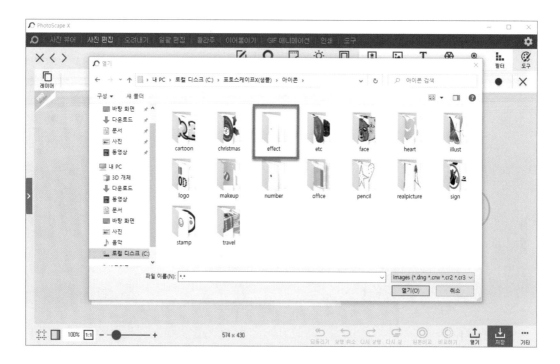

05 폴더가 열리면 여러 가지 특수효과 파일들이 있는데 여기서는 effect012.
png를 선택하고 **열기**를 클릭합니다.

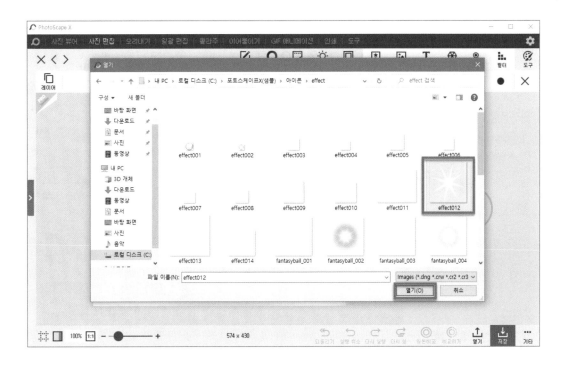

06 사진 중앙에 삽입된 effect012.png 아이콘을 반짝이고자 하는 별 위로 이동
을 해줍니다.

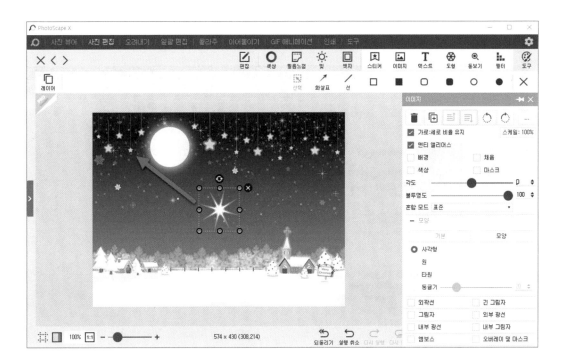

07 별의 크기와 회전을 시킨 후 이미지 **대화상자를 닫은 후** 보이는 오른쪽 하단
에 있는 **저장** 버튼을 클릭합니다.

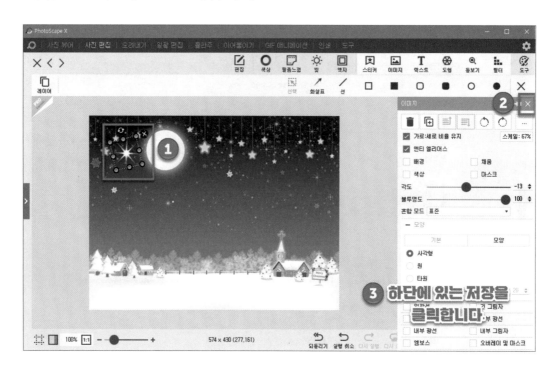

08 저장 대화상자에서 **저장품질을 95 이하**로 정한 후 **다른 이름으로 저장**을 선택
합니다. 여러 장을 저장할 것이므로 품질은 가급적 80-95 사이로 지정합니
다.

09 저장할 장소는 **사진 라이브러리**를 클릭한 후 파일이름은 "**카드1**"을 입력하고 **저장** 버튼을 클릭합니다.

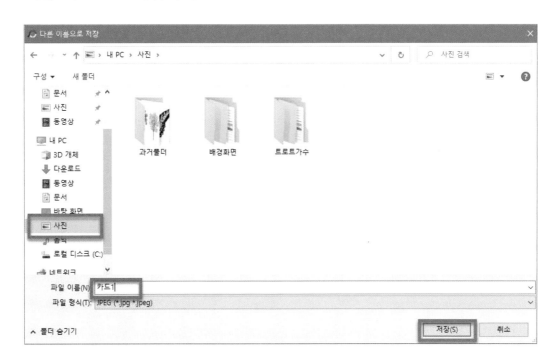

10 두 번째 사진을 저장하기 위해 **별의 크기와 위치를 설정**한 후 오른쪽 하단의 **저장** 버튼을 클릭합니다.

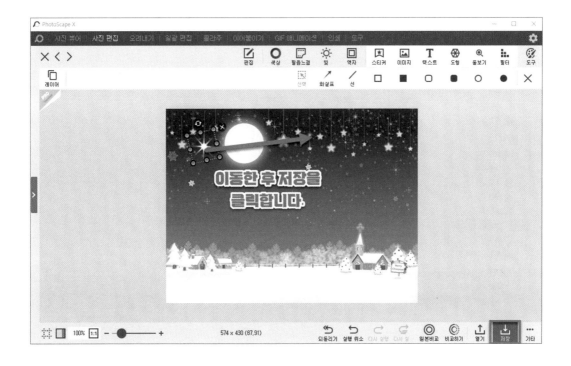

11 **다른 이름으로 저장**을 클릭합니다. 원본에서 카드1, 카드2, 카드3, 형식으로
계속해서 이름을 다르게 해서 저장할 것입니다.

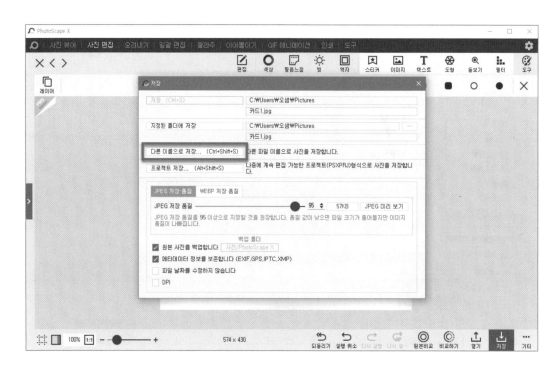

12 저장할 폴더는 앞에서 사용한 폴더로 지정되어 있으므로 파일이름을 "**카드2**"
를 입력한 후 **저장** 버튼을 입력합니다.

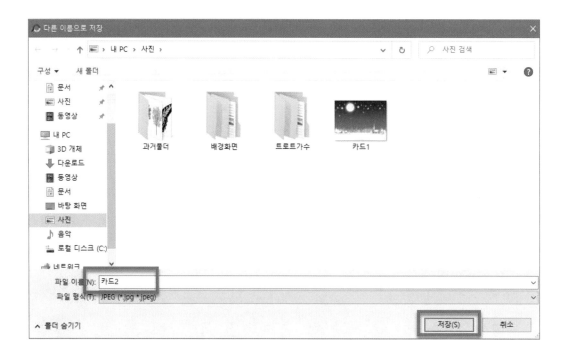

13 별의 위치와 크기, 회전을 조절한 후 오른쪽 하단의 **저장**을 클릭해서 **다른 이름으로 저장**을 클릭합니다.

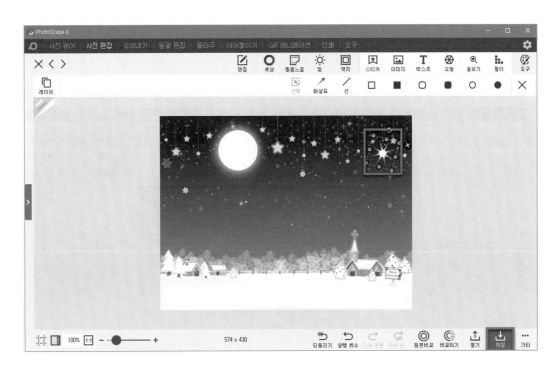

14 동일한 **사진 라이브러리**에 파일 이름만 "**카드3**"으로 변경한 후 **저장** 버튼을 클릭합니다.

01 아래 **되돌리기**를 클릭한 후 상단 도구에서 **텍스트**를 클릭합니다.

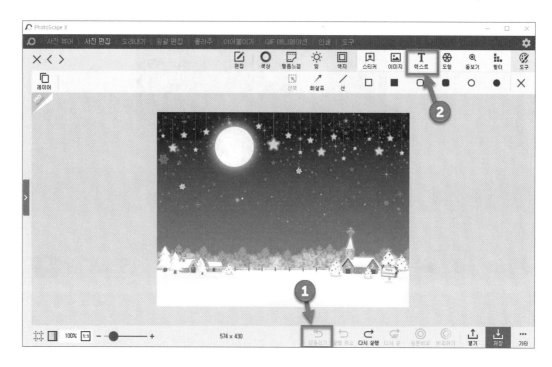

02 텍스트 대화상자에 "Merry Christmas"를 입력한 후 아래에 보이는 **글자색** 버튼을 클릭합니다.

03 글자색을 클릭하면 아래와 같이 색상판(팔레트)이 열리는데 **빨간색**을 클릭 하면 팔레트가 닫히며 글자색이 **빨간색**으로 적용됩니다.

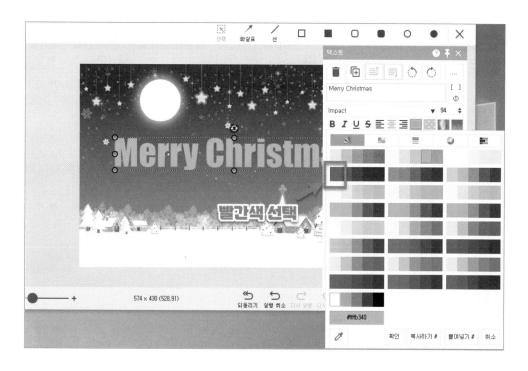

04 글자 위치를 아래와 같은 자리로 이동한 후 글자 크기도 조절점을 이용해서 작게 한 후 오른쪽 하단에 있는 **저장** 버튼을 클릭합니다. 다음 과정도 글자 내용을 추가한 후 동일하게 작업하겠습니다.

05 저장 대화상자에서 **다른 이름으로 저장**을 클릭한 후, 파일 이름은 "카드4"로
입력한 후 저장합니다.

06 **복제** 버튼을 클릭하면 동일한 내용이 사진 위에 나오는데 아래로 드래그해서
이동해 줍니다.

07 글상자에 "지아이에듀테크"를 입력한 후 글자색은 노란색으로 변경하고, 외곽선을 체크하고 색은 검정색으로 변경합니다.

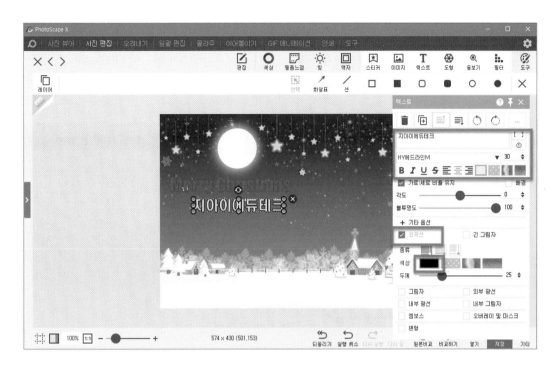

08 오른쪽 하단의 저장을 클릭한 후 다른 이름으로 저장을 클릭하고, 파일이름을 "카드5"로 입력한 후 저장 버튼을 클릭합니다.

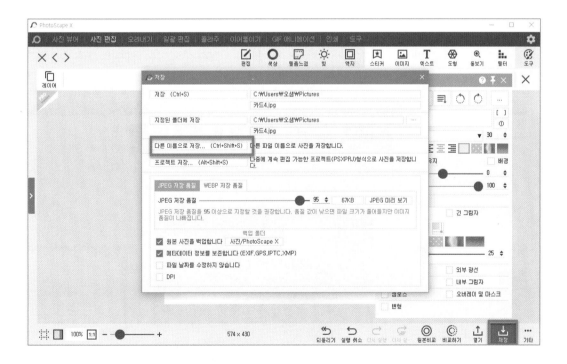

01 GIF 애니메이션 탭을 클릭한 후 사진 라이브러리를 선택한 후 5개의 사진을 선택해서 목록으로 드래그합니다.

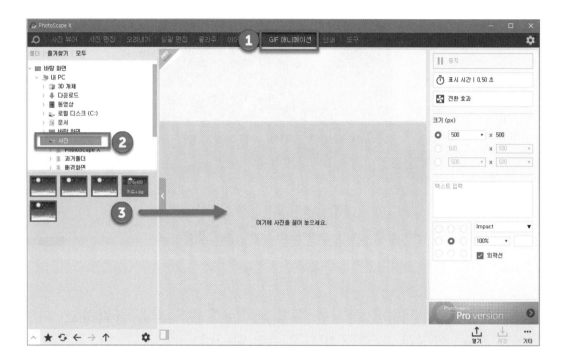

02 텍스트 입력칸에 **"오상열 드림"**을 입력하고 기준점을 정합니다.

03 오른쪽 하단의 **저장** 버튼을 클릭한 후 저장 대화상자가 나오면 오른쪽 아래
에 보이는 **저장**을 클릭합니다.

04 애니메이션이 저장될 장소는 **사진** 라이브러리에 파일이름은 **"성탄카드"**로
입력한 후 **저장** 버튼을 클릭합니다.

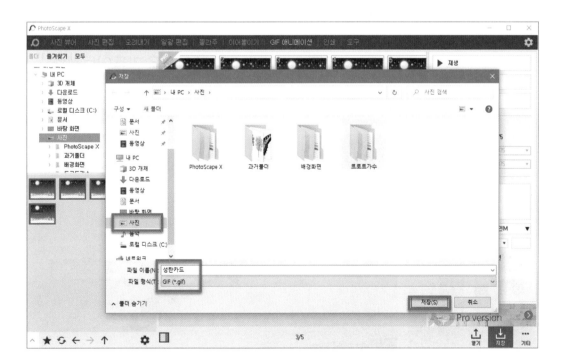

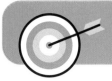
① 제공된 샘플 **아이콘** 폴더 안에 **크리스마스**에서 아래의 방울이 흔들거리도 록 애니메이션을 작성해 보세요.

② **익스트림1-9**까지 **전환** 효과를 **디졸브**로 애니메이션을 만들어보세요.